スタートアップ「転職×副業」術

「一度きりの人生、今の会社で一生働いて終わるのかな？」と迷う人の

「日本からGoogle・Facebookを
100社創出する」をミッションに掲げる
株式会社アマテラス代表取締役CEO
藤岡清高

東洋経済新報社

はじめに　スタートアップ転職の魅力を語ろう！

コロナ禍の影響でスタートアップへの転職希望者が増加中

２０２０年に始まった新型コロナウイルスのパンデミック下で、スタートアップ企業への転職希望者が急増しています。

意外に思われるかもしれませんが、事実、僕が運営しているスタートアップ転職・副業専門の人材会社「アマテラス」では、**転職希望の登録者が、コロナ前と比較して約３倍（２０１９年と２０２２年の比較）に増加**しています。

登録者たちにヒアリングすると、

「社会がコロナによって、これから大きく変わっていく可能性がある」

「だから『社会を変革する側』に早めに入っておかないと、取り残されるんじゃないか」

と、みな一様に話してくれます。

「会社に依存せず、早めにスキルアップして、
個人として自立したい」

ただ、コロナ禍以前から、スタートアップ転職の希望者は増加傾向でした。

社会が大きく変わっていく時代の中で生き残っていくためには、

「会社に依存するのではなく、早めにスキルアップして、個人として自立したほうがいい」

という考えを持つ人が増えてきたからです。

こうした考えを持つ人が増えてきた背景には、２０１６年に日本で発売された書籍『LIFE SHIFT』（リンダ・グラットン、アンドリュー・スコット著、池村千秋訳、東洋経済新報社）の影響が非常に大きいと感じています。

この本で提唱された概念**「ポートフォリオ・ワーカー」**や、人生１００年時代の到来、

終身雇用制の崩壊などは非常に説得力があり、優秀層ほど早くから実際に動き出していました。

日本人の特性だと思いますが、**普段はなかなか決められないけれど、一度決まると案外早い**のです。

「終身雇用制が危ない」ということは、僕の恩師である堀紘一氏（ドリームインキュベータ創業者。元ボストン コンサルティング グループ〈ＢＣＧ〉日本代表）も数十年前から言っていましたが、リンダ・グラットンさんらによってより詳しく言語化されたことで、みんな「腹落ち」したのではないでしょうか。

僕自身、あの本を読んで「まさにそのとおりだな、ここまで言語化してくれてすごいな」と思ったものです。

ターニングポイントとなった東日本大震災

もうひとつ、日本のスタートアップ業界におけるターニングポイントとして、２０１１年に起きた東日本大震災も挙げられます。

定量的なエビデンスがとれているわけではありませんが、震災によって多くの日本人の価値観が変わり、

「人間は自然の力の前では無力で、いつ死ぬかなんてわからない」

「それなら生きているうちに、後悔しないように自分のやりたいことをしよう」

と考える人が増えたからです。

震災の影響は、あらゆるところに及びました。

リーマン・ショックやコロナ禍が、人の行動を変えたり経済を壊したりしたのとは違い、**震災は人生や生き方に関する価値観を変えさせた**と思います。

実際、僕も２０１１年に起業しましたし、**震災直後から２０１２年ごろにかけて起業したスタートアップ企業は「社会課題解決型」の企業がとても多い**と感じています。

そうした企業が、最近次々に上場を果たしています。

起業する人以外にも、

「一度きりの人生で後悔したくないから、スタートアップ業界に身を投じて挑戦してみるか」

という転職希望者たちも、この震災直後から急増していきました。

２０１３年ごろからは、ＣＶＣ（コーポレートベンチャーキャピタル）ファンドの設立なども相次ぎ、ＫＤＤＩなどをはじめとしたさまざまな事業会社が、スタートアップ企業に出資や支援をするようになっています。

国内スタートアップの資金調達額は２０２２年度で約８７７４億円と、10年前と比べて約15倍となりました。

さらに**「数年以内には１兆円に達する」という見通しもあり、非常に大きく伸びています**（INITIAL［ユーザベース］と、ジャパンベンチャーリサーチのデータによる）。

スタートアップ側の課題は「人材不足」

もちろん、アメリカに匹敵する規模にはまだまだ及びませんが、日本でもスタートアップ企業が資金を調達できる環境は、以前と比べてはるかに整いました。

そんな**現在の日本のスタートアップ業界における大きな課題は、明らかに「人が足りない」**ということです。

経営資源とは、一般的に**「人」「モノ」「カネ」**です。

現在のスタートアップ企業の多くはＩＴサービスに関連しているため、ネット環境が整っている現在、「モノ」不足で事業に悪影響が出るということは、めったにありません。

また、大企業との情報格差もネット環境のおかげで、どんどんなくなってきています。


いいアイデアがあって、資金も調達できて、いよいよ規模を拡大しようとしても、「人材が足りない」ということがスタートアップ業界の足かせになっています。

「起業する人」が足りないということではなく、**「起業した社長の右腕、左腕になる人」が最も不足している**のです。

これがまさに、僕がスタートアップ専門の採用支援会社を起業した理由でもあります。

「日本からＧｏｏｇｌｅ・Ｆａｃｅｂｏｏｋを１００社創出する」

「スタートアップ企業がどんどん成長するような仕組みをつくりたい」

「そのためにスタートアップの人手不足という課題を解決したい」

いま、僕はそのように考え、

「日本からＧｏｏｇｌｅ・Ｆａｃｅｂｏｏｋを１００社創出する」

というビジョンを掲げて仕事をしています（Facebookは2021年「Meta」へ社名変更）。

こうした考えやビジョンに共感して「アマテラスを使いたい」と言ってくれるスタートアップ企業が採用課題を解決し大きく飛躍していくと、「自分も日本社会を変える一助となれたかな」と嬉しくなります。

そして何より、スタートアップ転職を実現したあと、**「アマテラスのおかげで、自分の人生やキャリアが劇的に好転しました」**と言ってくれる人たちにも、何人も出会うことができました。

転職満足度も、アマテラス登録者の9割以上が「満足だ」と答えてくれています。そのたびに、自分の仕事の手応えを実感できて、僕自身もとても幸せな気持ちになれます。

大企業でくすぶっていたような人が、スタートアップに入って幹部になり、大活躍をして、社会をよりよく変えていく。その人自身も仕事にやりがいを感じ、自己実現できて、金銭的にも潤って幸せになってくれる。

これは**何より、日本社会にとってもプラスの変化**だと思うのです。

本書を通じて、「スタートアップに身を投じてみたい」と思う人が、ひとりでも多く生まれてくれればと願っています。

［目次］

「一度きりの人生、今の会社で一生働いて終わるのかな？」と迷う人の
スタートアップ「転職×副業」術

第1章 転職して後悔しないために、まずはスタートアップに「向く人」「向かない人」がいることを知ろう

第2章

「40歳転職限界説」は気にしなくていい！ ベストな転職タイミングがわかる「染み出し」の考え方

第4章 スタートアップへのアプローチ方法は？ 転職活動での注意点

第5章 スタートアップをメガベンチャーへ育てるために

転職後の働き方

転職後の働き方

第6章 急速に増加中！ スタートアップ副業のすすめ 7つのポイントと6つの注意点

スタートアップ副業がおすすめの理由

副業案件の選び方

スタートアップ副業の注意点

第7章 スタートアップの経営者、人事担当者の方へ「いい人材」を採用するために

採用での注意点

特別付録②

ＶＣ、エンジェルとは、どう付き合えばいい？見極め方＆実績のあるリストはこれだ！

序章

スタートアップ転職の魅力は
6つある！
ただし、3つのリスク（前提条件）も
きちんと知ろう

スタートアップ転職の魅力は6つある

本書を手にとってくださったあなたは、スタートアップ転職に多少なりとも興味を持ってくれていることでしょう。

この序章では、まずはスタートアップ転職の「魅力」と「リスク」について、お伝えしていきます。

スタートアップ転職の魅力に関しては、次の6つが挙げられます。

①スキルアップの最短の近道
②成功すれば「高い給与」が、才能があれば「高い役職」が与えられる
③仕事の裁量が大きい
④学歴を問わず「2つのパターンの一発逆転」ができる
⑤「キャリアママ人材」が活躍できる
⑥ストックオプションがもらえることもある

ただし、3つの「リスク（前提条件）」もある

しかし、スタートアップ転職には当然リスクもあるので、事前にそれを理解しておく必要があります。

ただしこのリスクは、僕に言わせると、リスクというよりも**「前提条件」**（デフォルト）です。**スタートアップでは、当たり前に、頻繁に起き得ること**だからです。

その前提条件とは、

①事業の失敗
②急なリストラ
③給与ダウン

の3つです。

魅力とあわせて、それぞれ詳しく解説していきましょう。

1 スキルアップの最短の近道

「いつでも転職できる状態」にしておくことが重要

「はじめに」で記したとおり、最近は「会社に依存するのではなく、早めにスキルアップして、個人として自立したい」と考える人が増えています。

そうした人々の間では、**「スキルアップする最短の道は、スタートアップで働くことだ」**という認識が広がりつつあります。

なぜなら、スタートアップ企業は「下積み」的な仕事をする期間が長い大企業よりも、**入社直後から裁量を持ち、さまざまな経験を積むことができる**からです。

スタートアップ企業は玉石混淆かもしれませんが、**スタートアップ企業で働くほうが、**

スキルアップするためには手っ取り早いと言えます。

とはいえ、「そうはいってもなかなかスタートアップ転職へと一歩を踏み出す勇気が出ない」という相談も、僕はこれまでにたくさん受けてきました。

そういう人たちに向けて僕がいつも伝えていることは、**「令和時代にキャリアで安定したければ、常に動いている状態、すなわち『いつでも転職できる状態』にしておくことが重要」**だということです。

ずっとひとつの会社で「安定した」仕事をしている状態こそが、これからは不安定なキャリアを生むことにつながってしまう可能性もあるからです。

これからは「個の時代」
——「会社」の看板のないところでも結果を出せるか

中学校の理科で習う**「摩擦力」**を覚えているでしょうか。

摩擦力とは、物体の動こうとする向きと反対向きに働く力、すなわち**「物体の動きを邪**

魔する力」です。

そのため、**止まったものが動き出すときに、最も大きな力が必要**になります。

しかし一度動きはじめると、運動の現状をそのまま保持しようとする「慣性の法則」が働き、滑らかに動きつづけることができます。

これがキャリアについての考え方にも、そのまま当てはまるのです。

これからは**「個の時代」**です。

個でサバイバルできるようになるためには、**個として動きつづけながらスキルや経験を積み、「会社」という看板のないところで働いて結果を出していかなければなりません。**

「慣性の法則」と同じで、動き出すときに最も大きなエネルギーが必要になります。

そのためには、**スタートアップ企業で働いて常にスキルアップを図っておくことが、結局は最短の道**ということです。この潮流は、日々強まってきています。

これが、長年スタートアップ転職を支援してきた僕が見ている、いまの日本社会の姿であり、日本の優秀層たちの思考回路とも言えます。

スタートアップ転職の魅力

2

成功すれば「高い給与」が、才能があれば「高い役職」が与えられる

スタートアップが求めている人材とは?

とはいえ、生半可な気持ちでスタートアップ転職を考えるべきではありません。

まずは、雇う側のスタートアップ企業が、どんな人材を求めているのかを知ってほしいと思います。

僕が最も好きな**「伝説の求人広告」**のコピーが、まさにスタートアップにぴったりです。アーネスト・シャクルトンという探検家が１９１４年に出したと言われている、南極探検隊の求人募集の新聞広告です。

「探検隊員を求む。至難の旅。わずかな報酬。極寒。暗黒の長い月日。絶えざる危

険。生還の保証なし。成功の暁には名誉と賞賛を得る」

スタートアップは実力第一主義で、ラクな仕事ではありません。

はじめから高い報酬が約束されるわけでもありません。

経営環境から仕事内容に至るまで、日々すごいスピードで目まぐるしく変化していきますし、倒産の危険にもさらされます。

しかし、**実績を上げれば、お金や役職は、あとからついてくる**ものです。

「功には禄を、能には職を」という言葉は、徳川家康が遺したとされる名言ですが、まさにそのとおりで、**成功すれば「高い給与」が与えられ、才能があれば「高い役職」を与えられる。**

これが**スタートアップの基本原則**です。

スタートアップ転職の魅力

3 仕事の裁量が大きい

スタートアップに転職したい人は「裁量」を求めている

これに対し、実際に**スタートアップ企業へ転職したい人が最も求めているものは仕事の「裁量」**です。

いまいる会社が日本的な年功序列の企業だったりすると、とくに若いうちは、裁量のある仕事をするチャンスすらいつまでももらえず、すなわちスキルアップができません。

「スキルアップをするためにも裁量のある仕事がしたい」と考える人々は、裁量を求めているからこそ、スタートアップという、無名で小さい会社への転職が視野に入ってくるわけです。

彼らは、自らの**「内的キャリア」**を重視していると言えます。

なぜ、何のために、どういうキャリアを積みたいのか、仕事や働き方に対して、自分なりの見解を持っています。

一般的に、転職理由としてよく聞くものとして、**「年収アップしたい」「有名な大企業に行きたい」**ということが挙げられますが、**転職の理由となり得るものは、そういう「外的キャリア」に関することばかりではない**のです。

経営のWHYを解決する

「もっと裁量のある仕事をしたい」と、自分自身の「個」としての働く目的を明確に持っている人ほど、自ら起業するか、自分が共感できるビジョンを持っているスタートアップCEOと一緒に働きたいと考えます。

なぜならスタートアップ企業では、何もないところから新しい常識や組織などの枠組みを自ら創出し、**「経営のWHYを解決する」こと**が求められるからです。

一方で大企業の場合は、安定した事業を展開しているため、その社員には**「事業のHOWをよりよく実施する」こと**が求められます。

すでに出来上がった枠組みの中で、仕事の進め方などを工夫するということです。

スタートアップで働く「3つのやりがい」は？

僕自身、銀行という歴史ある大企業からキャリアをスタートさせ、堀紘一さんが創業してから4年目の、当時はまだスタートアップ企業だった「ドリームインキュベータ」に転職しました。

その後、アマテラスを起業して、いまに至っています。

僕のように、大企業からスタートアップの世界へ飛び込んだ人たちが実感する**「スタートアップ企業でのやりがい」**としては、次の3つがよく挙げられます。

①何もないところから、ビジネスや組織をつくり出す楽しさを味わえる
②自分の行動が、「目に見える形」で会社の成長につながる
③自分の行動によって、「社会をよりよく変えていける」という手応えも感じられる

大企業で働いていても、仕事の手応えを感じることはもちろん可能です。

しかし、**スタートアップでの仕事のほうが、社会に対するひとりあたりのインパクトが大きく、「ダイレクトに社会にプラスになっている」と、より実感できる**のです。

スタートアップ転職の魅力 4

学歴を問わず「2つのパターンの一発逆転」ができる

学歴を問わず、スタートアップで一発逆転できる

スタートアップ転職の魅力として、**高学歴でなくとも「一発逆転」をすることが可能**だということも挙げられます。

新卒採用では、一定の学歴がないと面接にすら進めない会社があるなど、学歴が大きな意味を持ちますが、**スタートアップ転職では、学歴よりも実力が重視される**からです。

たとえば有名なところでは、**2021年にソフトバンクCEOに就任した宮川潤一さんは花園大学出身で、自身で「四流大学」と自虐的に言っています。**

宮川さんは大学卒業後に会計事務所勤務を経てインターネット関連企業を起こし、自社と「東京めたりっく通信」との合弁会社（後に合併）の社長などを歴任しましたが、その会社が現ソフトバンクに買収されました。

そうして現ソフトバンクで働くことになった宮川さんは、会社の急成長を支え、CTO（最高技術責任者）などを経てCEOへと登りつめました。

言い換えるなら、**自分の乗っている馬を「勝ち馬」にしていく実力を持っている人**なのです。

「一発逆転」2つのパターンは？

「一発逆転」するパターンとしては2つあります。

①未来のエクセレントカンパニーに就職する

ひとつめが**「未来のエクセレントカンパニーに就職する」**ということ。

とくに、創業期のスタートアップに初期メンバーとして入ることで、周囲からリスペクトされ、会社の成長とともに自分のポジションも上がるということは可能です。

ただし、業績の拡大に伴って、あとから入ってくる人たちとの競争は熾烈なものとなります。

自らも会社とともに成長し、会社に貢献しつづけられなければ、**「ただ昔からいただけの人」として煙たがられてしまう**ので要注意です。

②成長産業で「レアカード化」し、人気企業に転職する

2つめのパターンが**「成長産業で『レアカード化』し、人気企業に転職する」**ということです。

無名企業で構わないので、次世代を担う領域のスタートアップに入り、**誰よりも先にレアな経験を積む**のです。

すると、その経験を活かし、人気企業へ転職することが可能になります。

某上場バイオベンチャーで役員を務めているTさんは、偏差値的には高くない東京の私立大学を卒業後、医療系検査会社に技師として就職。そこでの経験を活かし遺伝子バイオベンチャーに転職し、技術者としてレアな経験を積みます。

ちょうど、バイオ領域のコンサルティングニーズが増えていた大手コンサルティングファームの目に留まり、バイオ担当のコンサルタントに転身しました。

その後、**遺伝子領域の知見を持ち、さらに経営戦略策定スキルをもあわせもつ「レア人材」として、気鋭の上場バイオベンチャーの役員としてスカウト**され、活躍するに至ったのです。

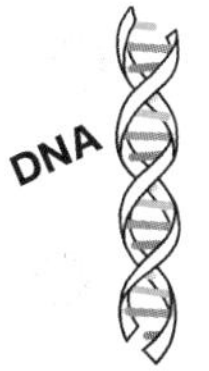

5 「キャリアママ人材」が活躍できる

「ハイキャリア×時短勤務希望のキャリアママ人材」こそ、スタートアップはおすすめ

スタートアップ業界はまた、「キャリアママ人材」にこそ、とくにおすすめしたい業界でもあります。

「キャリアママ」とは、もともとは大企業などで着実にキャリアを積んできたけれど、子育てや介護などのライフステージの変化や価値観の変化により、時短勤務やフレックスタイム制、在宅勤務などを取り入れた柔軟な働き方を希望するようになった人材を指します。

以前のように時間を気にせず働けなくなったことで、「キャリアアップしたくてもできない……」という悩みを抱えている女性は、世の中にたくさんいます。

もちろんこれは、男性にも同様に当てはまります。柔軟な働き方を希望することに、本来は理由も問うべきではありません。

しかし実際問題、いまこのような悩みを抱えている人は、子育て期に入った女性が圧倒的多数ですので、ここでは「キャリアママ」と呼ばせてもらいます。

従来型の伝統的企業では、「フルタイム勤務が標準で、時短勤務は限定的な措置」という考えに基づく制度体系になっていて、**「成果」ではなく「働いた時間」で評価されるため、時短勤務をするキャリアママは評価されづらい傾向**にあります。

また大企業ではガバナンス上、社内検討が重視され、かつ検討プロセスが長いことから、自分の裁量でできる効率化の範囲が限られているために、短時間勤務では責任や裁量のある業務よりも、補助的な業務を任されがちです。

言い換えると、プロセスを遵守すれば一定の成果は出る仕組みが確立されているので、**「成果を出せるか」よりも「社内プロセスに付き合えるか」を重視する制度や文化となっ**

ているのです。

「ハイキャリア×時短」では求人がない？

こうしたジレンマに悩んだ「キャリアママ人材」が転職を決意しても、そこにまた壁が立ちはだかります。

時短勤務などの「フルタイム以外の勤務形態」を希望すると、フルタイムと比較して募集が少ないのです。

またその数少ない募集は、未経験でも取り組める簡単な業務など、契約社員や派遣社員を想定したものばかりで、**キャリア人材がこれまでに培ってきたスキルを活かせる仕事はなかなか見つかりません。**

「キャリア×フルタイム」だと膨大な求人があり、「ノンキャリア×時短」の募集もそれなりにあります。

でも**「キャリア×時短」となった途端に、ほとんど求人がない**という実態があるのです。

その一方、スタートアップは成果重視ですから、成果を出せる人材でさえあれば、効率を優先した働き方などの一人ひとりに合った働き方ができます。
裁量のある仕事や重要な意思決定の機会にも恵まれ、時短勤務でもキャリアアップを期待できるのです。

「キャリアママ人材」とスタートアップがマッチングする「ママテラス」

そこでアマテラスでは、**「ママテラス」**というキャリア女性のための時短転職サイトを立ち上げ、「キャリアママ人材」のスタートアップ転職をサポートしています。

「ママテラス」は、アマテラスCOO（最高執行責任者）を務める河西あすかの実体験から生まれたサービスです。

河西は企業再生コンサルタントとして、バリバリにキャリアを積んできた「バリキャリ」の働き方をしてきました。

子どもを出産し、産休・育休を経て仕事復帰をしようとすると、これまでのような朝から晩までの長時間労働ができないために、ハードワークを求められる企業再生の現場に戻れない、という大きな壁にぶつかりました。

結局、その会社は退職し、偶然見つけた週3日時短勤務でのコンサルタント業で仕事復帰を果たします。そこで**「時短でも成果は創出できる」**と身をもって知り、

「『キャリア×時短』という働き方は絶対に可能だ」

「社会全体の生産性向上のためにも、この働き方を広めるべきだ」

と確信を深めたそうです。

そうして河西はアマテラスに参画し、「ママテラス」という事業を立ち上げたのです。

ただし「キャリア×時短」の働き方でのスタートアップ転職は、**通常のスタートアップ転職と同様、まったくの未経験やスキルゼロでは、採用してもらうことはできません。**

スタートアップ企業側からは、労働時間が短くても、早期に成果を出すことが求められます。

また周囲の多くはフルタイム勤務者なので、勤務時間などの待遇について、自身の希望

を明確にしたうえで交渉できる力や、しっかりと成果を出して周囲に自分の働き方を認めさせる力も必要になります。フルタイムと比べると年収も下がりますので、**「時間単価」を上げる意識も大切**です。

時短勤務と成果創出を両立できる「セルフコントロール力」が必要不可欠になるのです。

スタートアップ転職の魅力 6

ストックオプションがもらえることもある

ストックオプションも、あとからついてくる

上場前のスタートアップであれば、転職に伴い「ストックオプション」をもらえる場合もあります。

ストックオプションとは、**自社株を株式公開前などに低額で取得できる権利**のことです。自分たちで会社を育て、上場後に株価がぐんぐん上がれば、将来的に大金持ちになれる可能性もあります。

Kさんは外資系コンサルティングファームのマネジャーから、テック系スタートアップU社のCOOへと転職をしました。

年収に関しては、コンサルティングファーム時代の約2000万円から、転職直後は600万円程度にまで激減しました。

しかし仕事の成果を出すことで、2年後には年収が1000万円超えをしたうえに、ストックオプションで株を0・5％ほど保持しました。

その後上場によって、U社は時価総額2000億円ほどとなったので、含み資産として約10億円を保持するという億万長者になりました。

スタートアップ企業の経営面での目標は、経営者が投資を回収する「イグジット」（EXIT）を、IPO（Initial Public Offering＝新規株式公開）やM&A（Mergers and Acquisitions＝合併・買収）で達成することです。

アマテラスと契約後にＩＰＯをした会社は約１４０社、Ｍ＆Ａをされた会社は50社ほどあります（２０２２年8月時点）。

つまりこれらの会社の人たちの中には、すべて詳しく聞いているわけではありませんが、**億万長者になったであろう人たちが、それなりにたくさんいる**ということです。

日本最大級のクラウドソーシングサイト「ランサーズ」の創業初期からのメンバーであり、現在CEvO（チーフエヴァンジェリストオフィサー）を務める根岸泰之さんの話はあとで詳しく書きますが、彼もランサーズの上場に尽力するなど活躍し、相応のストックオプション含み資産を得ています。

ただしスタートアップは、**起業後10年存続確率が5％という厳しい世界**です。

ストックオプションで億万長者を狙うには、確率的に「大ばくち」のレベルです。**金銭のリターンを最優先としたスタートアップ転職は、やめたほうがいい**と言えます。

ストックオプションの相場については、巻末の「特別付録①」で詳述します。

スタートアップ転職のリスク

×「事業の失敗」「急なリストラ」「給与ダウン」は、リスクというより、前提条件（デフォルト）

覚悟すべき「3つの前提条件」

「転職目的やスキルがあるから、スタートアップに飛び込んでみよう」と思ってもらえるのは、スタートアップ業界に関わる者としてとても嬉しいことですが、スタートアップには覚悟すべき前提条件があるということも、きちんとお伝えしなければいけません。

繰り返しますが、結構な頻度で起こり得ることは、

①事業の失敗（会社のリビングデッド化）
②急なリストラ（人員整理）

③給与ダウン

の3つです。これが、**覚悟すべき3つの前提条件**です。

これは**あくまで「前提条件」（デフォルト）であって、リスクとすら言えません。**スタートアップでは至極当たり前に起きることなのです。

これを**「大きなリスクだ」と思うのであれば、スタートアップには行かないほうがいい**でしょう。

もしくは「メルカリ」のような、「メガベンチャー」と呼ばれる安定した上場会社に行くほうがいいと思います（ただしメガベンチャーになると、「仕事の裁量はそれほどない」という条件付きにはなります）。

「家計のバーンレート」を下げておくのがコツ

この「覚悟すべき前提条件」、すなわち「①事業の失敗」「②急なリストラ」「③給与ダウン」を乗り越える対策としては、**自分の「家計のバーンレート」をできるだけ下げてお**

くことです。

スタートアップ業界では、**会社が1カ月あたりに失うキャッシュの量**のことを**「バーンレート」**と呼びます。

「バーンレート」を低く保つことで、新たな資金調達をせずに事業を続ける期間を延ばすことができます。

これと同じで、**月々にかかる家計の金額を、できるだけミニマムにしておく**のです。

実際に僕は、スタートアップ転職希望者に**「住宅ローンの借り換えをすべきだ」**とアドバイスし、実行してもらったこともあります。

またあるとき、完全歩合制の外資系生命保険会社の営業職で、年収1億円を達成し調子に乗って馬主になった人から、「スタートアップ転職をしたい」と相談されたことがありました。

彼への最初のアドバイスは**「まずは維持費がかかりすぎる馬を売ってください」**でした。

これは極端な例ですが、**高級な靴やスーツ、交際費などに毎月お金をかけているという人で、「バーンレート」を下げる努力ができない人は、スタートアップ転職は難しい**と思います。

年収やポジションは、あとからついてくる

スタートアップ転職に家族が反対したり不安がったりする場合には、3年間などのチャレンジ期限を決めて挑戦するという方法もあります。**実際に実力のある人は、2〜3年後には年収を転職前の水準に戻しているか、プラスアルファでもらうようになっています。実力があれば、年収はあとからついてくる**のです。

教育系ベンチャー「すららネット」に勤めていた葉山勝正さんは、大手人材会社エン・ジャパンで「営業を徹底的に科学する」ことで営業手法を確立し、20代にして営業部長となり、150人もの営業部隊を率いたスキルを持ってスタートアップ転職をしました。

当時社員数10人ほどの「すららネット」に平社員として転職したので、年収は800万円くらいから550万円まで減ったのです。

しかし、「すららネット」でも、営業スキルの一般化をし、多くの人が一定のクオリティの営業ができる手法を確立しました。

その後、「すららネット」のナンバー2、COO（最高執行責任者）になって上場したので、転職後2〜3年ほどで、元の年収以上の収入を得ていました。
現在は独立し、さまざまな会社の営業組織づくりの立ち上げ支援をしています。

この序章では、スタートアップ転職の魅力とリスクについて、駆け足でお伝えしました。
次章からは、じっくり、たっぷり、スタートアップ転職について解説していきます。

Column

「スタートアップ」と「ベンチャー」は何が違う？

アメリカでは新興企業を「スタートアップ」と表現します。「ベンチャー」というのは和製英語です。

そして、これはあくまで日本の業界内でのニュアンスですが、スタートアップには革新的なビジネスモデルやテクノロジーを活用して短期間で急成長を志向する組織体というイメージがあります。

一方、ベンチャーは新しい事業やサービスを展開しているという意味ではスタートアップと似ていますが、短期間の急成長ではなく、安定的で着実な成長を志向しています。

スタートアップ業界

短期間で急成長してイグジットを目指す

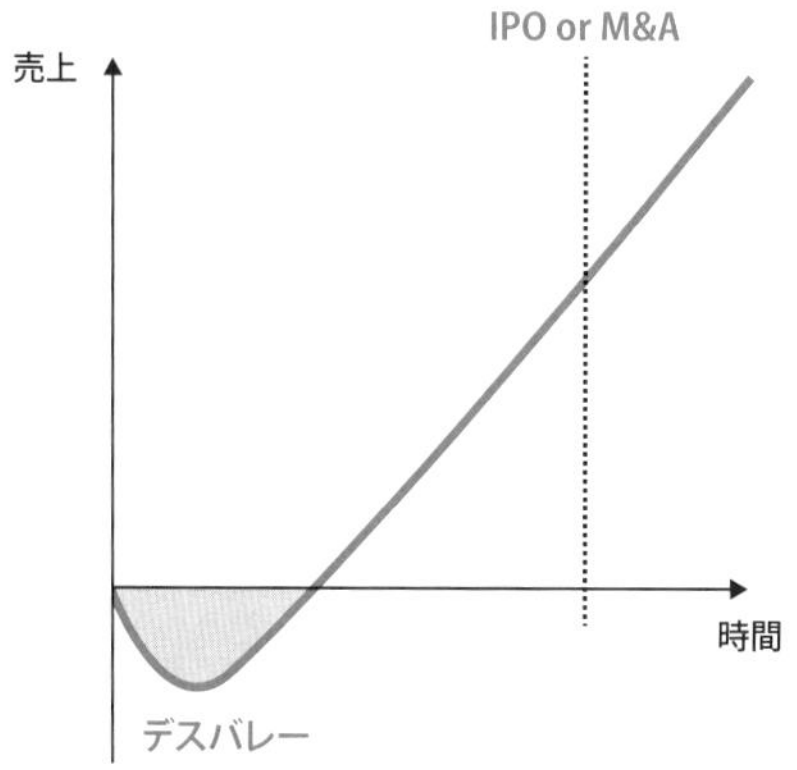

ベンチャー業界

安定的で着実な成長

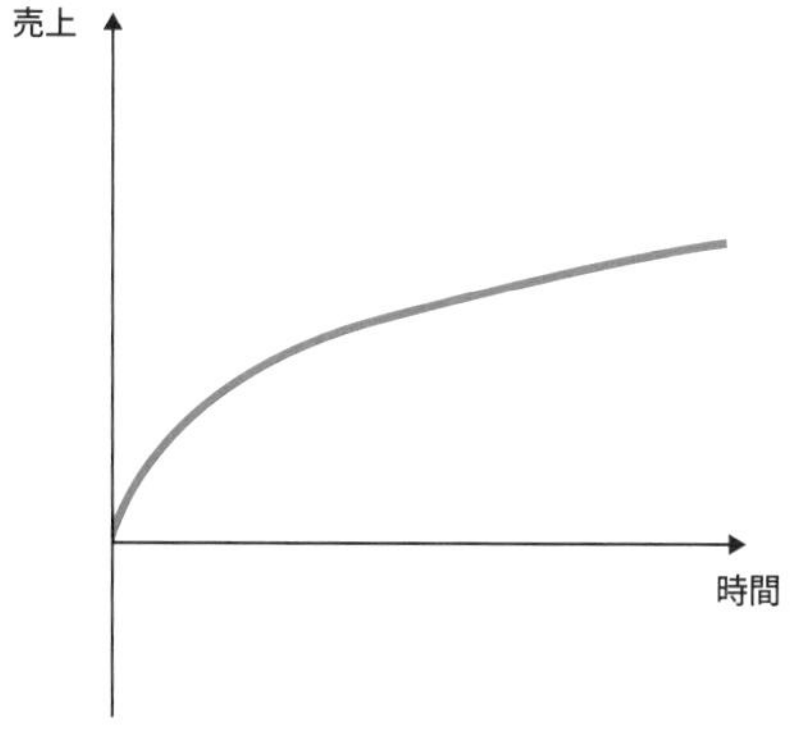

Case 1

大企業を飛び出すスタートアップ転職者たち

Kudan株式会社 代表取締役CEO
項 大雨 氏

▼トヨタ、マッキンゼーという大企業を経て、スタートアップのCOO、CEOへ

スタートアップで働くということについて、イメージが湧かない人もたくさんいるかも知れません。

そこで「Case」では、スタートアップ転職を果たして活躍している人たちを紹介していきます。

項大雨さんは、東京大学卒業後、トヨタでエンジニアリングに携わったあと、マッキンゼー・アンド・カンパニーでマネジャーを務めていました。

そして上場前の「Kudan」というスタートアップにCOO（最高執行責任者）と

して参画し、IPO（新規株式公開）に貢献しました。

2020年からは「Kudan」の代表取締役CEOを務めています。

人間の左脳として学習やパターン認識を担うAI（人工知能）という言葉はすっかり定着していますが、「Kudan」は、AP（人工知覚）という人間の右脳に相当する空間認識や運動感覚認識をコンピュータに提供するソフトウェアの会社です。

▼「そういうキャリアパスもいいな」「いつかトヨタから飛び出してやろう」

中国生まれ日本育ちの項さんは、東大で機械工学を学びました。

それを活かせる場所としてトヨタに入社し、ガソリンエンジンのエンジニアをしていました。

ところが、知人が大手自動車メーカーのエンジン技術者として勤めたあと、戦略コンサルティングファームに転職し、その後、ベンチャーの経営幹部になっていたことを知り、「そういうキャリアパスもいいな」と思ったことがきっかけとなり、「いつかトヨタから飛び出してやろう」という考えが頭をもたげはじめたそうです。

世の中に大きな変化が起きていく中で、

「ガソリンエンジンという『枯れつつある技術』のエンジニアでありつづけることが楽しいのだろうか」

と迷いはじめていたときでもあり、まずはコンサルティングファームのマッキンゼーに転職しました。

マッキンゼーでは2年弱でマネジャー相当に昇進しましたが、英語力を上げるために長期休みをとって語学留学をしていた際に、「やはりスタートアップで働いてみたい」という思いが項さんの中で高まりました。

「最初から世界を見ているグローバルなスタートアップ」

「経営陣に近いところで働けるスタートアップ」

「これからの時代に伸びていく技術を扱っているスタートアップ」

この3つの条件を満たすスタートアップを探す中で、アマテラスから紹介されたのが、「Ｋｕｄａｎ」だったというわけです。

▼COO候補のポジションをつくってもらって入社

「Kudan」は日本人の大野智弘さんがイギリスで創業した会社で、世界を相手にビジネスを展開しています。

APというコア技術を有している企業なので、アメリカ、韓国、中国、最近はスウェーデンやインド、ブラジルなど、地球全体が「Kudan」のマーケットなのです。

外部からは「スタートアップ村」の情報は見えにくいと転職活動中に感じていた項さんは、「Kudan」に入社する前、双方のお見合い期間のような形で1カ月のインターンをしました。

そのときに「Kudan」という会社への期待感や、経営陣との相性を実感でき、もともとなかったCOO候補のポジションをつくってもらう形で入社に至りました。

▼状況が毎日激変するスタートアップの仕事は「面白い」

実際に働くようになってみて、項さんは状況が毎日激変するスタートアップでの仕事を「面白い」と感じたそうです。

コンサル時代には大企業の３年間の中期経営計画作成支援などに携わっていましたが、スタートアップの「計画」は、おおむね１～２カ月先までのことを、半日で議論をして半日でアクションまでまとめるといったものであり、これまでとはまったく違うスピード感がありました。

一方で項さんは、自分の「交渉力」に課題を感じたそうです。

コンサル時代は、求められる問題の解決策をロジックでまとめて提供すれば終了でしたが、他社と交渉して売上を立てるためには、ロジックだけでは不十分でした。条件の合わせ方や相手との距離の詰め方には、多種多様なパターンがあり、そこにはクリエイティブ能力が必要だと感じたそうです。

また、さまざまな国の人々との英語でのコミュニケーション能力も求められました。

しかし、それらのスキルを、項さんは楽しんで働きながらどんどん身につけていき、いまや代表取締役ＣＥＯにまでなっています。

第1章

転職して後悔しないために、まずはスタートアップに「向く人」「向かない人」がいることを知ろう

スタートアップへの向き不向きは、考え方や行動次第

スタートアップで働くということは、「序章」でも書いたとおり、南極探検隊のような「至難の旅」になる可能性もあります。

スタートアップの世界では、**既存の常識や組織にしがみつくのではなく、新しい常識や組織を自らが創出して、自分の能力、腕で生きていくことが求められている**からです。

これを踏まえると、**スタートアップには「向く人」「向かない人」がいる**と言えます。

ただし、この「向き不向き」は、考え方や行動によって、変えていくことができるものでもあります。

では、後悔しないスタートアップ転職をするには、どういったことを考えて、どう行動すべきなのでしょうか。

スタートアップに「向く人」の特徴 1

なぜスタートアップで働きたいか「転職目的」がきちんとある

「マトリックス」で考えると、見えてくる

スタートアップ業界に「向いている人」と「向いていない人」とをマトリックス図にすると、次のようになります（図1-1）。

スタートアップ業界に最も向いている人は、図の右上の◎のゾーン、すなわち**「成果を出せるスキル」を持っていて、かつ「スタートアップ業界への転職目的」を持っている人**です。

マトリックス図のうち、2番目に向いている人が、図の右下の△ゾーンの人、「成果を出せるスキル」がなくても「スタートアップ業界への転職目的」がある人です。

若手であれば「ポテンシャル採用」として、このタイプであっても採用される可能性は

図1-1　スタートアップに「向いている人」「向いていない人」

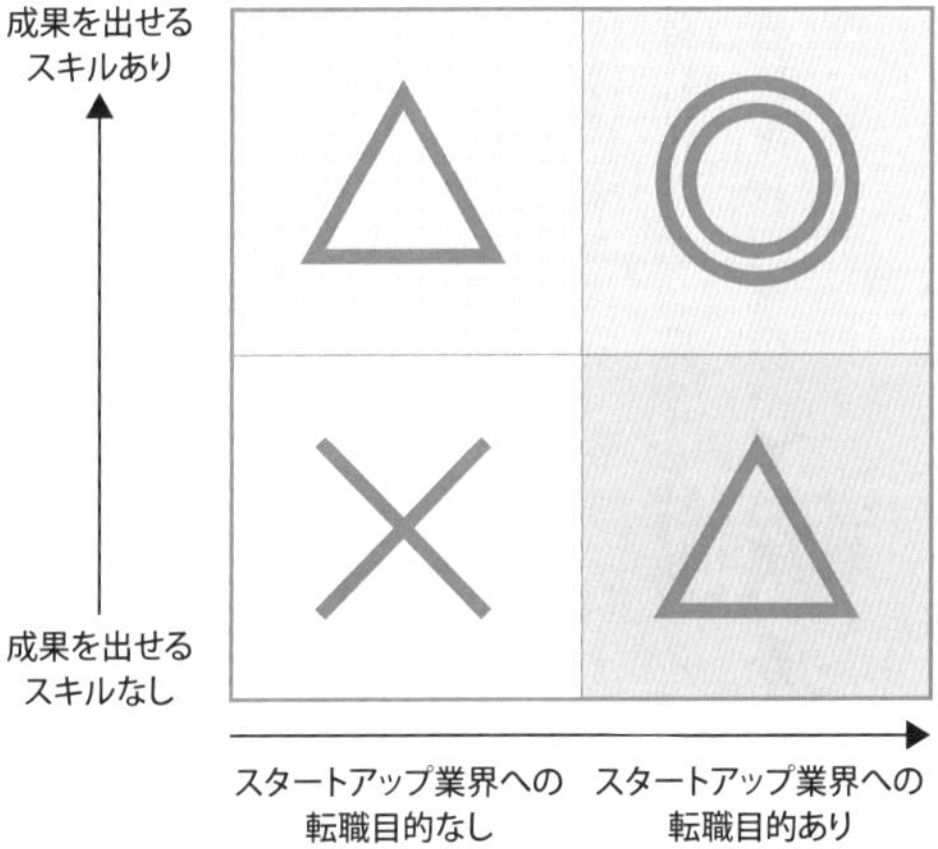

あるからです。

「成果を出せるスキル」については次項で説明しますが、「スタートアップ業界への転職目的」とは具体的にどんなものかというと、

> 「経営陣直下のポジションで、新しい事業を立ち上げる経験をしたい」
> 「AIなどの成長領域で、急拡大する組織フェーズを経験したい」
> 「環境問題に取り組むスタートアップで、マネジメント経験を積みたい」

など、ほとんどの場合、**自分のキャリアアップの課題とイコール**です。

「いまいる企業ではなかなかすぐに実現できないことを、スタートアップでかなえたい」

といった具体的な目的を持って転職する人は、南極探検隊のように困難な局面もあるスタートアップ業界においても、自分を見失わずにがんばることができます。

「自分はどうしてスタートアップで働きたいのか」という「目的」を自問し、明確にすることが最も大切なのです（これは第3章で詳しく説明します）。

スタートアップに「向く人」の特徴 2

「成果を出せるスキル」がある

——自分の「名札」ではなく「値札」を言える

あなたの「成果を出せるスキル」は何ですか？

マトリックス図は「スキル」と「目的」という2つの軸からなっていますが、スキルについてはあえて**「成果を出せるスキル」**としています。

スタートアップ企業は、基本的に即戦力人材を採用し、入社後3〜6カ月以内に成果を出すことを求めます。

「短期的」に「急成長」を志向する集合体だからこそ、悪くいえば「短期的な思考」にならざるを得ないという事情があります。

そのため、**会社（環境）が変わると再現性がなく、成果をコミットできないようなスキルは、スタートアップでは評価されません。**

「あなたのスキルは何ですか？」と聞くと、これまでの経験をただ並べる人がいます。

「私は新人研修で外為事務を学びました」と言う人に、

「では、あなたは外為事務でどのような成果を出せますか？」

と訊ねると「出せません」と答える。それはスキルとは言えません。

何か仕事を任せたときに、「どこの会社（環境）でも、あなたが責任者となって目に見える成果を出せる」、それがスキルなのです。

「名札から値札へ」——あなたは自分の「値札」を言えますか？

経営コンサルタントの大前研一さんの言葉に**「名札から値札へ」**というものがあります。

プロフェッショナルな人は「仕事は何をしているの？」と聞くと、「マーケティングです」「脳外科医です」などと**業務内容**を答えます。

しかし、そうではない人は、「○○商事に勤めています」「○○病院に勤務しています」などと**社名・組織名**を答えます。

それでは**プロフェッショナルとして、どんな仕事をしているのか**が伝わってきません。

会社名などの「名札」から、プロフェッショナルとしての市場価値、すなわち「値札」を言える人にならなければいけません。

「値札」を言えないような人は、これからの時代どこへ行っても厳しいと思います。

さらには、「僕、東大卒なので採ってください」などと言う30代もいます。

「学歴じゃなくて、あなたのスキルは何なの？」

「大学卒業後から現在まで、あなたは何をしていたの？」

ということに明確に答えられることが重要です。

新卒採用では多くの学生にまだキャリアがないために、学歴で判断されることは往々にしてありますが、その弊害か、いつまでも学歴という「名札」で転職できると思っている人が、案外多いものです。

「私は○○（東証一部上場の大企業）に勤めていたので、スタートアップに転職できますか？」

「私は公務員ですがスタートアップに転職できますか？」

などと相談してきた人もいますが、スタートアップに転職できるかどうかは、**社名や組織名などの「名札」ではなく、そこでどんなスキルを身につけたかによる**としか言えません。

スタートアップ企業側は必ず「あなたはどんな成果を出せるのですか？」と質問してきますので、それに答えられないと、転職活動はそこでおしまいになってしまうのです。

「定量化できないスキルはスキルじゃない」

これまで約2万人の職務経歴書を見てきた僕の経験からいえば、**「定量化できないスキルはスキルではない」**と感じています。

「成果を出せるスキル」は、すべて数字で表せなくてはなりません。

職務経歴書のスキル欄に、

「何事も諦めず努力することができる」

「柔軟に対応することができる」

といった記載をよく見かけますが、これはプロの世界ではスキルとして評価されません。面接で検証が難しく、「この人はプロではない」と思われてしまうので、むしろ書かないほうがいいでしょう。

採用する側からすれば、**「その人が努力するかしないかよりも、成果を出せるかどうか」**を見ています。

大企業出身者だと、コスト度外視で仕事をしてきた人もいるかもしれませんが、**スタートアップでは経営に直結する定量的な成果として、売上や利益、コストについて厳しく意識しなければならない**のです。

スタートアップは資金の余裕がなく、常に自転車操業なので、期限の意識なくコツコツと研究開発をするといったことは、基本的にはできません。

たとえば技術者ならば、新しく開発した技術に対し、「これはいつまでに、いくらくらいの市場規模をつくれる新技術だ」と自分で言えるようにしておかないといけないのです。

医療スタートアップなども、すぐれたビジネスシーズ（種）があったうえで、「3年以内に厚生労働省の認可を得て、それによっていくらの資金調達をします」などと、定量化したコミットが求められます。

「打席に立った数」が多く、「失敗経験」もある

スタートアップでは「失敗経験」が評価される

「成果を出せるスキル」を持っていることがスタートアップでは評価されると言いましたが、**「チャレンジをしたうえでの失敗経験」も、スタートアップでは「成果を出せるスキル」と同じように評価されます。**

この理由として、多くのスタートアップＣＥＯが「チャレンジ」というアクションを大きく評価するから、ということが挙げられます。

新しい領域にチャレンジするスタートアップは「1勝10敗でＯＫ」の世界なので、「打席に立った数」が評価されます。

シリコンバレーではむしろ、失敗をしたことがない起業家は信用してもらえません。

シリコンバレーのベンチャーキャピタル（VC）は起業家に**「あなたはどんな失敗をしてきたのですか？」**と聞き、失敗のレベルが高い人を**「チャレンジを経験しているし、同じ失敗はしないだろう」**ということでリスペクトし、さらに投資をすると言われています。

スタートアップの世界では、どんな問題意識を持ち、その解決のためにどんな工夫をして取り組んだのか、その一連のチャレンジアクションそのものに価値を見出されているのです。

では、スタートアップの世界での「失敗」は？

スタートアップの世界での「失敗」とは、事業がうまくいかなかったことではなく、目標としたことにチャレンジできなかったことです。

他方、日本の多くの大企業は「減点主義」の評価体系なので、結果の出ない「失敗」は許されません。

日本社会は残念ながら「失敗を許さない文化」「チャレンジを推奨しない文化」がいまだ主流です。

会社員は一度でも大きな失敗をしたら、**「あいつはもう出世はできないな」**などと噂され、実際に「終わり」となることが多いでしょう。

失敗が許されないと、チャレンジすることに対し萎縮してしまうのは当然です。

日本では、チャレンジする起業家やスタートアップで働く人たちがリスペクトされず、大企業や役所に入って「安定」を求める人がもてはやされる風潮があります。そのため、スタートアップをリスペクトする文化があるとは言えません。

これは僕の恩師である堀紘一さんも憂慮していたことですが、**スタートアップで一番大切なのは「人材」なのに、日本では「起業家」をリスペクトする文化がないから、スタートアップの人材不足がなかなか解消されない**という課題があるのです。

スタートアップに「向く人」の特徴 4

「思考のクセ」を捨て、「アンラーン」できる

――現実には「マウンティングおじさん&おばさん」が結構多い

結局、スキルがすべて。ただし40歳以上の注意点は？

「成果を出せるスキル」がある人は、何歳でもスタートアップ転職ができます。

ただ逆に言うと、それは**スタートアップにおいてはスキルがすべて**だということでもあります。

一方で**「40歳以上の人を採用するのは避けたいんだよね」**と話すスタートアップの経営者も一定数はいて、それはやはり中高年世代となると、**「マウンティングおじさん&マウンティングおばさん」が、現実には結構多い**からです。

「マウンティングおじさん&マウンティングおばさん」の特徴は、「思考のクセ」を捨てきれないという点です。

「前の会社ではこうだった」「こういうときはこうすると決まっている」と前例主義にとらわれ、「生理的に新しいものを受け入れたくない」「学び直しなんてしたくない」と、これまでの自分の成功経験をほかの人たちに押し付けるだけの人になってしまっています。

「前の会社での経験をリセットして捨てる力」というのは、特殊な力で、立派なスキルでもあります。

とくに日系の大企業は人材を「染め上げる」力が強く、新卒入社した会社に長く勤めた人ほど、「こうあるべき」という思い込みが強く、転職先とのギャップに苦しむケースが多いように思います。

「アンラーン」できる人が成功する

転職を成功させる要因に**「アンラーン（unlearn）」**という概念があります。**「思考のクセを意識的に忘れる」**という意味です。

とはいっても、これまで培ってきたものをすべて捨て去るということではありません。

習得したスキルや経験は貴重な資産です。

「アンラーン」とは、それを**「負の遺産」に変えないようにメンテナンスする**ということなのです。私は**「学びほぐし」**と呼ぶこともあります。


たとえば、シリコンバレーでAirbnb、Dropboxなどに投資してきた著名なアクセラレーター（シード段階を過ぎたスタートアップ企業の、ビジネス拡大のために、資金投資やノウハウなどをサポートする組織）「Y Combinator」共同創業者のポール・グレアムさんは、**「スタートアップは極端に直感に反する」**と指摘しています。

つまり、スタートアップの世界では従来の常識が通用しないことがよくあるため、常識に基づいた直感的な判断を頑なに貫くことは危険である、という意味です。だからこそ「アンラーン」する必要があるのです。

「アンラーン」するべき6つの常識

日本のスタートアップにおけるバイブルになっている『起業の科学　スタートアップサ

イエンス』（田所雅之著、日経BP社）では、スタートアップで働くにあたって、日系一般企業に勤めるビジネスパーソンが「アンラーン」するべき常識を紹介しています（一部省略）。

①100点満点の解答用紙に正しい答えを埋めようとするゲームを忘れる
②多くの人から好かれようとするゲームを忘れる
③少しずつ改善するゲームを忘れる
④多数の競争相手の中で一番になるゲームを忘れる
⑤最初から広い市場を狙うゲームを忘れる
⑥うまくいかなかったことを誰かのせいにするゲームを忘れる

この6項目を読んで、「自分はまだこれができていない」といった〝違和感〟を覚えることは、決して悪いことではありません。

「アンラーン」するために大事なことは、その違和感から目をそらさないことと、その違和感を受け止め、日々変化していく自分を感じることなのです。

スタートアップに「向かない人」の特徴 1

「成果を出せるスキル」はあるが「転職目的」がない

——コンサル出身者に多い「向かない理由」は、これ?

コンサル出身者に「向かない人」が多い?

「成果を出せるスキル」と「スタートアップ業界への転職目的」のどちらも持っていない、66ページで紹介したマトリックス図で「×」ゾーンの人は、当然のことながら、スタートアップ転職には向いていません。

そして、スタートアップ業界に向いているかどうかが「△」となるのが、同じマトリックス図の左上のゾーンの「成果を出せるスキル」があっても「スタートアップ業界への転職目的」がない人です。

このタイプは、**コンサルティング会社出身者に多い**ように感じます。

優秀だし、どこでも活躍できそうなポテンシャルがあって、スタートアップ転職自体は難なくできます。

しかし、自分のスキルを活かして、あるいは自らのキャリアのために、**スタートアップ業界で「どういうことをしたいのか」が本人にもわからず、周囲にも伝わらず、その結果、パフォーマンスが出せずに退社する人**が散見されます。

このタイプの人が応募してきた場合、経営者に対してアドバイスができるならば、**「スタートアップ業界への転職目的のない人は、採用すべきではありません」**と僕ははっきりとお伝えしています。

「妥当な報酬や役職」を勘違いしている人も多い

また、このタイプは「妥当な報酬や役職」を勘違いしていることもままあります。

「前職でこのくらいもらっていたから、スタートアップでもこの金額くらいは欲しい」

「大企業の管理職だったので、スタートアップなら役員で」

などという要望を出す人もいますが、この考え方は間違いです。

「どれだけの成果を出してきて、今後会社にどれだけの貢献をするのでいくら欲しい」という論理に基づく報酬要望でないと、スタートアップに受け入れられることはありません。

ポジションも、実績によって勝ち取るものです。

スタートアップでは、創業期から努力をして貢献してきた既存メンバーを差し置いて、あとから入った人が最初から役員クラスになることも珍しくありません。

その場合、あとから入ったメンバーには、相応の期待値に応える覚悟が必要とされます。

スタートアップに「向かない人」の特徴

2

「転職目的」はあるが「成果を出せるスキル」がない

まずは「コアとなるスキル」を確立しよう

転職するスキルがなければ、いまの会社でスキルを確立する

もうひとつ、**「転職目的」はあるものの、「成果を出せるスキル」がない場合**には、どうしたらいいでしょうか。

「大手企業で裁量が少ない働き方をしてきて、スキルがないので、これからスタートアップに転職してスキルを身につけたい」

「製造業で法人営業を5年してきたが、マーケティングにキャリアチェンジしたいので、スタートアップに転職したい」

こんな相談をしてくる人が時々いますが、「無理です」とお伝えしています。

急成長を宿命づけられたスタートアップでは、中途採用人材に早期の成果を求めますし、悠長にスキル教育をするつもりもありません。

ただし、若い人であれば年収は極めて低い水準になるかもしれませんが、ポテンシャル採用をしてくれる可能性はあります。

「どうしてもやりたいことがある」という熱意と「若さ」という武器で、スキルがなくてもなんとかなる場合はあるのです。

ドリームインキュベータに入ったころの僕も、ある意味そうだったと思います。

しかし、**熱意だけでなんとかなるのは、27~28歳くらいまで**です。

それ以上の年齢の人は、まずはいまいるところで、「成果を出せるスキル」を身につけてください。

30代前半くらいまでは、とにかく「自分のコアになるベーススキル」を確立する

そもそも「スキルチェンジ」とは、本来「職業を替える」ということです。

たとえるなら、プロサッカー選手が、プロ野球選手やプロバスケットボール選手に転向するようなことです。

プロサッカーの長友佑都選手が、いきなりプロ野球選手に転向しようとしても、まず採用はされません（類似スポーツのフットサル界なら、ギリギリありでしょうが）。

アメリカのメジャーリーグで活躍している大谷翔平選手が、長身を活かしてアメリカの

プロバスケットボールリーグ・ＮＢＡの選手になりたいと言っても無理ですし、なれたとしても自由契約選手、いわゆる報酬ゼロからのスタートです。**プロフェッショナルの世界でスキルや職種をチェンジするということは、そういうこと**なのです。

自分のスキルに自信がなければ、いまいる会社で「成果を出せるスキル」を確立する努力をしましょう。

まずは社内異動などで、スキルを磨く機会を探すことがおすすめです。

それも難しいようであれば、スキルを身につけさせてくれる、育成余力のある大きな会社に転職するのもありです。

30代前半くらいまでは、とにかく自分のコアになるようなベーススキルを確立する努力をしましょう。給与などの待遇面だけを見て転職するのではなく、**30代前半くらいまでは、「経験を買う」という姿勢が大事**です。

「成果を出せるスキル」を確立することで、はじめてスタートアップ業界への転職チケットを得られると心得ましょう。

実際にスタートアップで働きたい人たちの傾向（ペルソナ）は？

「成果を出せるスキル」と「スタートアップ業界への転職目的」を持っている人が、スタートアップ転職に向いている。

こう書くと、スタートアップ転職をする人とは、ガツガツしていたり、「意識高い系」だったり、最初に新天地へと飛び込む「ファーストペンギン」タイプだったりをイメージされたかもしれません。しかし、実際にはそうではありません。

そういうリスクを厭わないタイプは、むしろ自ら起業したり、新卒からスタートアップ企業へ飛び込んだりしています。

では、実際に、いまスタートアップ転職をしている人たちには、どんなタイプが多いのでしょうか。

アマテラスの登録者をもとにペルソナ化してお伝えすると、

「30歳前後、日系大企業勤務で真面目に育ってきた秀才タイプ」

が多いという傾向があります。

職種としては、約半数が「ビジネスサイド」と言われる営業・事業開発・マーケティングなどで、エンジニアが2割ほど、残りの3割は管理系の人たちです。

ただし、誤解をしてほしくないのは、**「このペルソナに当てはまらない人は、スタートアップに転職できない」わけではない**ということです。

これはあくまで、「ボリュームゾーンがこういう人たちだ」というだけの話です。

最近スタートアップ転職をした人たち、これからしようと考えている人たちは、新卒時の就職活動ではとりあえず、メーカー・商社・金融・財閥系企業などの伝統的な人気業種や人気企業を受け、安定した有名企業に入ったという人たちが多数派です。

「親が反対するような企業」ではなく「親が喜ぶような企業」に入ろうと考えたり、友達や社会の目などを気にしたりして就活をしていたのです。

そういった、これまでリスクをとろうとしなかった優秀層が、いまではむしろ、

「大企業に留まるほうがリスクなのでは」

「スタートアップのほうが、むしろリスクが少ない」

と考え、スタートアップ企業へと流れてきている。

それが、いまの日本のビジネス界で起きている、地殻変動なのです。

Case 2

スタートアップで業界自体をつくり上げる

ランサーズ CEvO 根岸泰之 氏

▼「フリーランスという働き方をもっと日本社会に定着させたい」

スタートアップ企業でのやりがいとは、

①何もないところから、ビジネスや組織をつくり出す楽しさを味わえる

②自分の行動が、「目に見える形」で会社の成長につながる

③自分の行動によって、「社会をよりよく変えていける」という手応えも感じられる

という点だと、序章で書きました。

まさにそれを体現しているのが、日本最大級のクラウドソーシングサイト「ランサーズ」の創業メンバーであり、現在CEvO（チーフエヴァンジェリストオフィサー）を務めている根岸泰之さんです。

根岸さんは、「エン・ジャパン」で働いていましたが、もともとはフリーライターをしていて、

「フリーランスという働き方をもっと日本社会に定着させたい」

「フリーランスが報われる社会をつくりたい」

と長年考えていました。

そんな中でアマテラスを通じて「ランサーズ」創業CEOの秋好陽介さんと出会い、

「まさに、自分がやりたかったことをやろうとしている人だ」

「この人と一緒に仕事をしたい」

と感じ、創業直後の「ランサーズ」にマーケティングマネジャーとして参画し、上場に尽力しました。

▼「フリーランスという働き方を社会に啓蒙し、定着させていく」という夢を実現

「ランサーズ」という会社ができるまで、フリーランスという働き方は、いまほど注目されていませんでした。

しかし、「ランサーズ」によって、誰もが好きなときに仕事を請け負い、働くことができるという業界が創出されました。

根岸さんは「時間と場所にとらわれない働き方をつくる」というビジョンを掲げる「ランサーズ」というスタートアップ企業を通して、**「フリーランスという働き方を社会に啓蒙し、定着させていく」**という自分の夢を実現したのです。

彼に会うと、**「自分のやりたいことと会社のビジョンが合致していて、さらに社会もそれで変わってきつつあり、楽しい」**とよく話してくれます。

いまは「ランサーズ」のCEvOとして、「フリーランス」という働き方を世に広める伝道師としての仕事をしています。

また「ランサーズ」の仕事とは別に、「フリーランス協会」という団体にも参画し、フリーランスの待遇を改善するという夢に向けて、日々邁進しています。

第2章

「40歳転職限界説」は気にしなくていい！ベストな転職タイミングがわかる「染み出し」の考え方

スタートアップ転職、3つのきっかけは？

ここまで、スタートアップ転職の魅力やリスク、スタートアップ転職に「向く人・向かない人」の特徴をお伝えしてきました。

そしてこの章では、**いざスタートアップ転職をするにあたって、どんなタイミングがベストなのか**を解説します。

スタートアップ転職をしようと考えるきっかけには、大まかに分けて3つのパターンがあります。

①知り合いが起業や転職をして、関心を持った

ひとつめは、知り合いが起業したり、スタートアップ転職をしたりしたことを知って、**「スタートアップで働く」というキャリアに関心を持ったパターン**で、**大多数がこのような人たち**です。

②大企業の閉塞感に不満・不安を感じている

2つめは、**大企業の閉塞感に不満・不安を感じているパターン**です。

5〜7年ほど勤務し、社内でそれなりに評価されているし、同期の中ではトップグループだけれど、上司や先輩の姿を見て**「自分のなりたい姿ではない」**と感じ、将来に面白みを感じられなかったり「このままではいけない」と危機感を覚えたりしています。

③「承認欲求を満たしたい」「さらなる自己成長をしたい」

3つめは、**「承認欲求を満たしたい」「さらなる自己成長をしたい」と考えているパターン**です。

チャレンジできる環境が欲しいけれど、いまの会社では上が詰まっていて、なかなかリーダーとしての裁量やポジションを与えてもらえなかったり、「会社の歯車ではなく、自分の仕事で社会を変えるような手応えを感じたい」と考えていたりするのです。

「能力」か「やる気」を持て余したときが、転職のタイミング

そうして**「能力」か「やる気」のいずれかを持て余したときが、実際に転職をするタイ**

ミングだと僕は考えています。

僕自身も、新卒で入った銀行では「やる気」を持て余していたタイプでした。

たいして優秀な人間というわけではありませんが、生意気でしたから、上司にいろいろと仕事の提案をしていました。

しかし、そのとき**「7年くらい待て」**と言われたのです。

「若手社員のおまえが、いまいろいろ言っても、社内の誰も言うことを聞かない」

「だから7年くらいは、とりあえず、言われたことだけやっていろ」

と言われ、**「7年は待てない」**とはっきり思ったのです。

こちらは「バットを持ってフルスイングをしたい」と思っているのに、「3割の力で振れ」と言われたように感じました。

素直に7年待ったとして、それまで自分がフルスイングをする気力を保ちつづけられるかもわかりません。

「やる気」のあるときにチャンスが来なければ、「やる気」というものはなかなか持続できないものなのです。

年をとっても転職できる人は？
──「35歳転職限界説」「40歳転職限界説」は気にしなくていい

スタートアップ転職に関して、**世に流れる「35歳転職限界説」「40歳転職限界説」などは気にする必要はありません**。

もちろんそれなりの年齢になると、住宅ローンも抱えているし、子どもの教育費もかかるし、といったライフステージ上の問題が出てきて、スタートアップへの挑戦に躊躇するということはあるでしょう。

しかし、**スタートアップ側としては、年齢をそれほど気にしているわけではなく、スキルや経験があれば採用するというスタンス**です（前述の「マウンティングおじさん＆マウンティングおばさん」は嫌がられますが）。

・会社が困っていることを解決できるようなスキルを持った50歳
・東大卒・マッキンゼー勤務で、スキルは不明だが、何でもできるかもしれない25歳その2人が面接に来たとしたら、スタートアップの経営者として、**僕なら絶対に前者の「50歳即戦力人材」を採用**します。

繰り返しになりますが、スタートアップは「短期間」に「急成長」を志向する組織体です。目の前の課題を確実に解決してくれる人を「優秀人材」として定義します。**年齢で判断するのは二の次、三の次**なのです。

「レガシー産業」からスタートアップCxOになる人もいる

ここまで「成果を出せるスキルが必要だ」と強調してきました。しかし、

「自分に『成果を出せるスキル』が身についているのか自信がない」

「これから『成果を出せるスキル』を身につけるには、どうしたらいいのだろうか」

と不安に思う人も多いことでしょう。


とくにコロナ禍以降、レガシー産業に勤める20代や30代の若手から、次のような相談をされることが急増しています。

「新卒入社した『レガシー産業』に10年ほど勤めていますが、『人生100年時代』を生き抜いていけるか不安です」

「自分の市場価値を上げ、将来的に『レガシー産業』から転職し、先端スタートアップのC×O（Chief x Officer、「最高〇〇責任者」のこと）として活躍していきたいのですが、どうすればなれるのでしょうか?」

「レガシー産業」というのは、

「すでに市場が巨大に成長、あるいは成熟しており、今後の伸びが期待できない業界」

「業界全体が衰退傾向にあり、革新的な変化を起こしづらい業界」

のことを指します。

メーカー、インフラ、商社、金融業界の大手企業など、**終身雇用や年功序列といった「メンバーシップ型人事システムをベース」に、戦後日本の経済成長を支えてきた産業**です。

「レガシー産業」を「45歳定年」が襲う？

「レガシー産業」は非常に安定感のある組織として、長年高く評価されてきました。

しかし、「人生１００年時代」と言われる中で、レガシー産業に就職しても、将来安泰とは言えなくなっています。

その**象徴的なキーワードのひとつが「45歳定年」**です。

この言葉は、２０２１年9月9日の経済同友会のセミナーにおいて、サントリーホールディングスの新浪剛史代表取締役社長が発した次の発言に由来します。

「定年を45歳にすれば、20代や30代の人たちが、自分の人生を考えて勉強するようになる」

ここでいう「定年」は、法律上の定年制度ではなく**「キャリアの転換点」**という意味を指しています。

会社に依存せず、自らキャリアを構築していく力が求められるようになったのです。

「染み出す」ことができるかが、キャリアアップの分かれ目

これらの状況をふまえると、今後の市場の伸びが期待できない「レガシー産業」で働いている20代・30代の若手が、自分のこれからのキャリアに不安を抱くのは、ごく自然なことでしょう。

他方で、アマテラスを活用して、レガシー産業のビジネスパーソンがいまをときめく先端スタートアップのCxOになっている事例は、多々あります。

では、彼ら彼女らは、どのようにしてスタートアップ転職でキャリアを好転させたのでしょうか。

「レガシー産業」にいながら、先端スタートアップでも通用する「成果を出せるスキル」を身につけるためにおすすめしたいのが、**「いまあるスキル」を軸として、職種や業種をシフトさせ、戦略的・計画的にキャリアアップ**していく**「染み出し」**という考え方です。

「製氷皿」を思い浮かべてみてください。

あるひとつの升に水を入れて、そこが満タンになると、隣接する升に、水が染み出してきますよね。

スキルも同じことで、「染み出す」ことができるのです。

「染み出し」モデルは？

「染み出し」モデルとは、特定職種のノウハウや業界知識などを持つ転職希望者が、それを軸に、上位職種あるいは他業種に「徐々に」シフトしていく、キャリアアップ手法です。

製氷皿の、縦の列が「職種」、横の行が「業種」とします。

「いまいる升」が「銀行業界の定型的な営業職の升」だとすると、3年くらいして一人前になると「水が満タンになった」として、**「隣接している次の升」**に行けます。

たとえば、営業スキルが活かせる「ソリューション営業」や「事業開発」などに行くこともできるし、銀行と近い業種「フィンテック」などに行くこともできます。

水で満タンになった升がどんどん増えていくと、**「ほかの升」への移動が容易**なうえに、

図2-1 ベストな転職タイミングがわかる「染み出し」の考え方

「染み出し」とは、転職した際に成果を出せるスキル（例：特定職種の専門知識 etc.）がある転職希望者が、そのスキルを軸として上位職種（例：経営企画→CxO etc.）や他業種に徐々にシフトしていくことで、戦略的・計画的にキャリアアップや守備範囲を広げていく転職形態のことです

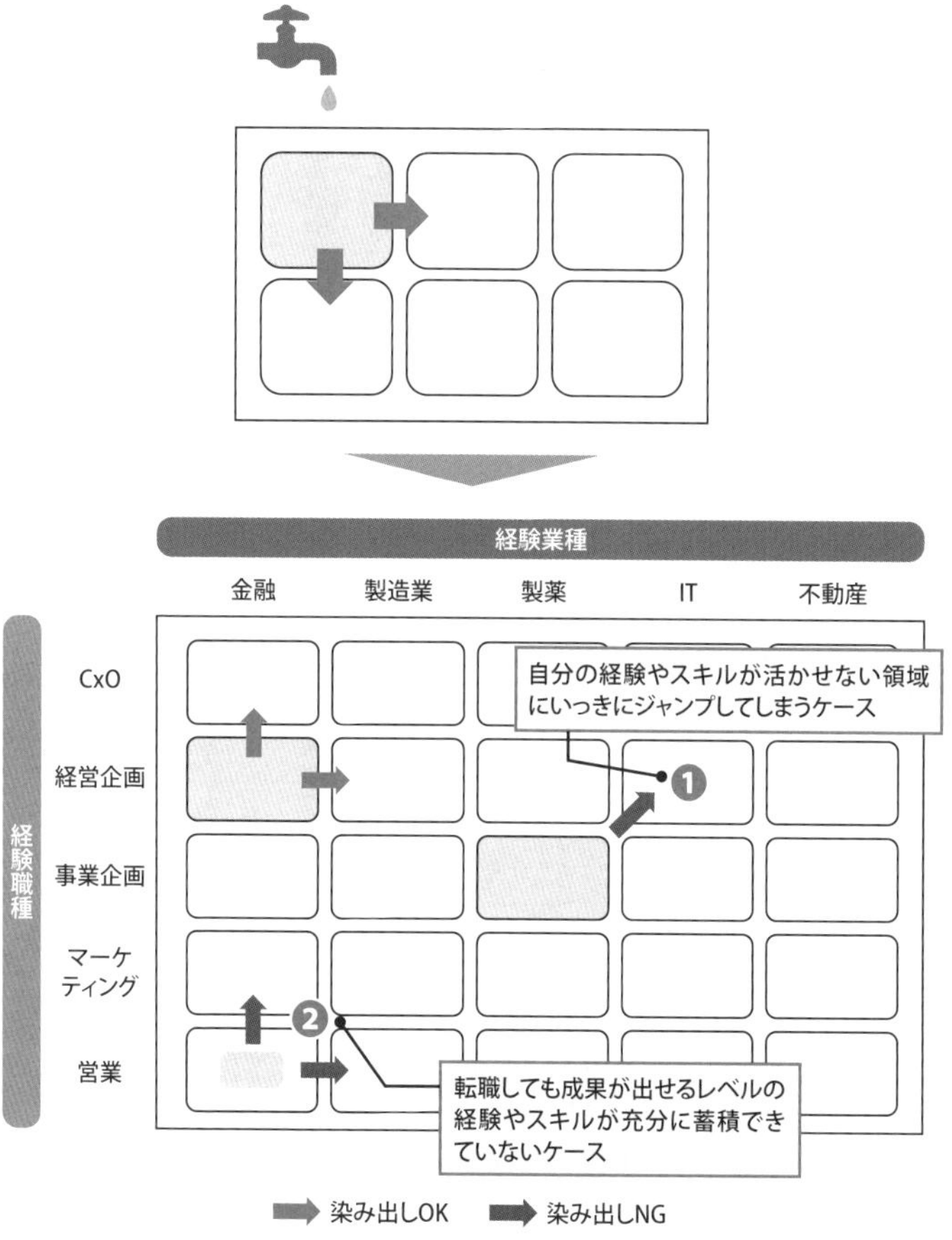

「キャリアの掛け算」も可能になっていきます。

そうして、**自らの市場価値を高めていける**のです。

一足飛びに「あまりにも離れた升」へは行けない

ただし、**「升」が水できちんと埋まらないことには、次には行けません。**

また、**一足飛びに「あまりにも離れた升」へ行くことも難しい**です。

銀行で定型商品を売り込むスタイルの法人営業しかしたことのない人が、いきなりＡＩスタートアップのソリューション営業に転職するのは難しいでしょう。しかし、銀行でソリューション営業スタイルでも成果を出せるようになれば、ＡＩスタートアップのソリューション営業に行ける可能性が出てきます。

「確立したスキル・経験」と隣接する職種や業種に「染み出し」ていくことで、一見無理だと思うところにも行ける可能性があるのです。

「次の升」に行ける「ステージクリア」のタイミングは、どう見極める？

「スキルの『升』の水が満タンになった」ということを、経営人材領域に特化したエグゼクティブサーチをしている「経営者ＪＰ」の井上和幸社長は「ステージクリア」という言葉で表現しています。

では、**「スキルという『升』の水が満タンになった」と判断し、次の升に染み出すのは、どのくらいのタイミングが適切**なのでしょうか。

一概には言えませんが、元リクルートで民間校長を務めた教育改革実践家、藤原和博さんが、ベストセラーになって大きな話題を呼んだ『藤原和博の必ず食える１％の人になる方法』（東洋経済新報社）やさまざまな番組などで発信している、

「1万時間やったら一流になれるから、そこからピボットすればいい」

という説が参考になります。

どんな仕事も1万時間やれば一流になれるとすると、

1万時間÷8時間（1日あたりの労働時間）÷250日（1年間の労働日数）＝5年

という計算になります。

それ以上同じ仕事を繰り返すのは、「やる気」と「能力的モチベーション」の両方が満たされているのであればいいでしょうし、どちらかを持て余しているのであれば、転職を考えるべきということです。

ただ、1万時間までやらずとも、

「いまいる会社で、しっかりと成果を出して、利益をもたらすことができている」

と断言できれば、ひとつの目安として「満タンになった」と考えていいと思います。

「会社の看板のおかげ」という面もあるかもしれませんが、それでも**会社に還元できるだけの成果や利益を出していれば、一定のステージをクリアした**と言えるでしょう。

「こういう業界でこういう業種の仕事をしたい」という希望があれば、そこに行くまでのルートを考えて、2～3年ごとのスパンで戦略的にスキルを身につけ、戦略的に転職活動をするということです。

ただし、キャリア人生はすごろくみたいに単純なものでもないので、みなさん、**2つ先くらいまでのルートを考えて動いている印象**です。

「染み出し」の3つの切り口は？

「染み出し」を実現していくには、次の3つの切り口があります。

①「成果を出せるスキル」を活用して、染み出す（職種）
②「これまで経験してきた業種」を活用して、染み出す（業種）
③先端スタートアップが求める「ビジネスモデル・ツール」を活用して、染み出す（経験値）

順番に解説していきましょう。

「染み出し」のパターン

① 「成果を出せるスキル」を活用して、染み出す

僕がおすすめする王道のキャリアアップは、職種などのスキル、とりわけ**「成果を出せるスキル」を活用して、染み出す**というものです。

実際、2011年から19年までの期間、アマテラスのサイトを利用して大企業から先端スタートアップのCxOや経営幹部へとキャリアアップした191人のデータを調べてみると、一部の例外を除いて、**ほぼ全員が「成果を出せるスキル」を評価されたうえで転職**を果たしていました。

20代のファーストキャリアで、ベースとなるスキルを確立し、そのスキルを軸に「染み出す」ように成長産業のスタートアップやベンチャー企業に転職。

会社の成長とともに、自身も多くの成長機会に恵まれ、スキルを磨き、レアな経験を積み、市場価値を大きく上げていった、というパターンです。

その結果、そのスタートアップで経営幹部になった人もいれば、ほかのスタートアップにCxOとして請われ、転職した人もいます。

スキルには3種類ある

「成果を出せるスキル」と繰り返してきましたが、「成果を出せる」ことは大前提として、そもそもどういうスキルを指すのか、具体的にイメージしづらいという人もいるでしょう。

スキルは、次の3つに大別できます。

【スキル群①】「業種またぎでの染み出し」が可能

専門性が高く、業種やスタートアップのフェーズにかかわらず、成果を出しやすいスキル

(例) 財務経理、監査、人事、広報、法務、ソフトウェアエンジニア全般、UI／UXデザイナー、士業、経営コンサルタントなど

【スキル群②】「近隣業種での染み出し」が可能

ビジネスモデルや顧客特性（B2B／B2Cなど）によって、成果を出せる範囲が変わってくるスキル

(例) 事業開発、法人営業、個人向け営業、カスタマーサクセス、生産管理、品質管理、マーケティング、商品企画、リサーチ、組み込みエンジニア、ハードウェアエンジニアなど

【スキル群③】「同一業種での染み出し」に限る

規制業種もしくは閉鎖的な業界で発揮されるスキルのため、他業界での応用が限定的で、評価されにくいスキル

(例) 教師、医師、医療関係者、研究者など

専門性が高い「スキル群①」は、大企業でもスタートアップでも、求められる基本スキルは変わらないので、経験業種に縛られない、幅広い業種への転職が可能です。**業種にかかわらず、パフォーマンスを発揮できる**からです。

そのため、たとえば一部上場企業の財務経理メンバーが、業種を超えて規模の小さなス

タートアップに転職するということも可能です。

ただし、**「スキルは変わらない」といっても、ワークスタイルやカルチャーは大きく変化**します。

大企業時代は上司が細かに指示してくれたのに、スタートアップに行くと、直属の上司や中間管理職という概念がなくなり、経営陣からいきなり仕事が丸投げされたり、締め切りのスピード感が10倍くらい早まったりします。

スタートアップ特有のスピード感や、業界特有の慣習などに馴染む努力は必要となります。

「スキル群②」は、大きく業種をまたぐことは難しいものの、「近隣業種への染み出し」であれば成果を発揮できるスキルです。

営業・事業開発・マーケティング・企画といった、いわゆるビジネスサイド職種は、ビジネスモデルや顧客特性が異なる業種に転職して早期に成果を創出するのは難しいですが、**「顧客層やビジネスモデル、商習慣が近い業種」へ染み出すような転職をするのはおすすめ**です。

「染み出し」のパターン ２

「これまでに経験してきた業種」を活用して、染み出す

最後の「スキル群③」は、教育や医療業界のように、規制や独自ルールが多い業界で発揮されるスキルです。

他業種での応用が難しいため、業種を超えた転職は難しい傾向があります。

ただ逆にいえば、他業種人材が参入するには、早期の成果創出が難しく、参入障壁があるとも言えます。**キャリアアップを目指す場合は、早期に同業界のスタートアップへの転職を検討**しましょう。

教師なら、ＥｄＴｅｃｈ（教育テクノロジー）スタートアップへの転職は可能ですし、医師や医療関係者なら、医療スタートアップへの転職は可能だということです。

「業種」によって「染み出し」の難易度も変わる

次に、経験業種によっても「染み出し」の範囲は変わります。

【業種群①】「業種またぎでの染み出し」が可能

取引先として幅広い業種と接点がある業種

（例）コンサルティング、HR（Human Resources＝人的資源全般に関する業務）、メディアなど

【業種群②】「近隣業種での染み出し」が可能

顧客やビジネスモデルが近い他業種がある

（例）製造、商社など

【業種群③】「同一業種での染み出し」に限る

規制業種などで、その業種独自のルールが多い

（例）金融、保険、医療、教育、バイオ、エンタメなど

「業種群①」は、幅広い業界を取引先としてビジネス展開を行っているため、他業界に関する知見が一定程度あります。

また、**業界にこだわらず価値を出せる仕事をしていれば、転職の選択肢が広くなります。**

「業種群②」は主に製造業、商社の営業を指していますが、**一度自身の担当が決まると、同じ業界、属性の人達と長くコミュニケーションをして業界のプロになる人**を指します。造船、鉄鋼、通信などです。

その業界を軸に転職し、ビジネススキルを染み出しながら広げていくことが可能です。

他方、**最も染み出しの範囲が狭い「業種群③」は、いわゆる規制業種や閉鎖的な業界**です。

これらの業界では、その業界独自のルール対応が求められる一方で、業界を超えたポータブルなスキルが習得しづらく、結果として転職の選択肢が狭められます。

典型的なのは、医療・教育・金融業界です。

とはいえ、「業種群③」に一度就職してしまったら、終身雇用以外のキャリアアップ方法はないのかというと、そんなことはありません。「スキル群③」でお伝えしたように、**同業種の最先端領域へと染み出せばいい**のです。

たとえば、医療業界の規制や独自ルールの中で活躍してきたMR（医薬情報担当者、製薬メーカーの営業担当者）の場合、顧客やビジネスモデルが大きく変わる他業界の営業職に転職しても、思ったような成果が出せないことがあります。

しかし、近隣業種である医療スタートアップへと転職すれば、医者への営業スキルや医療業界への知見を活かし、成果につなげることができるのです。

「染み出し」のパターン

3 「ビジネスモデル・ツール」を活用して、染み出す

レガシー業界で働く人にこそおすすめ！「ビジネスモデル・ツール」転職

3つめの「ビジネスモデル・ツールを切り口とした染み出し」とは、**ECやSaaS（図2-2参照）といったインターネットを使った新しいビジネスの形を構築した経験を活かした転職**という意味です。

採用ニーズが高いビジネスモデル・ツールとして、図2-2のようなものがあります。

先端スタートアップでは、事業領域のみならず、ビジネスモデルも先端的なものを取り入れようとしますが、社内にその経験者がいないこともよくあります。

図2-2 「採用ニーズが高いビジネスモデル・ツール」はこれだ!

- EC（eコマース、電子商取引）
- SaaS（Software as a Service、提供者［サーバー］側で稼働しているソフトウェアを、インターネットなどのネットワーク経由で利用するサービス）モデル
- B2B／B2C／C2Cプラットフォーム
- サブスクリプション（定額料金を支払い利用するコンテンツやサービス）モデル
- THE MODEL（営業プロセスを分業体制で運営し効率化させる仕組み）の構築

そこで、**他社でそのビジネスモデルの構築や運営を経験した人を採用する**のです。

実際、先端スタートアップから欲しい人材要件として**「ＳａａＳ経験者」**や**「プラットフォームビジネス経験者」**と言われることが増えています。

たとえば、フィンテックメガベンチャー「ｆｒｅｅｅ」のようなスタートアップでＳａａＳビジネスモデルの構築・運営に携わった人材は、フィンテック以外のスタートアップからも、多くの引き合いがあります。

在籍している「レガシー業界」は仕事の進め方が古く、

「上司のアタマが固い」

「ここにいたら時代遅れになり、転職できないのではないか」

と不安に思う方もいるでしょう。

そんな**レガシー業界の悩めるビジネスパーソンの閉塞感を打ち破るのに有効なのが、じつは「ビジネスモデル・ツール」転職**です。**レガシー業界はビジネスが成熟している一方で、ＤＸ（デジタルトランスフォーメーション＝デジタル技術を用いたビジネス改革）が遅れていることが多く、**逆にいうと**ＤＸ化のスキルを身につけるチャンス**とも言えるのです。

もし、自分がレガシー企業に勤めているとしたら、まず古いワークスタイルの自社にメスを入れ、ＤＸプロジェクトを立ち上げる提案をしてみましょう。

すでにＤＸプロジェクトがスタートしていたら、手を挙げてメンバーとして参加させてもらいましょう。

自社のビジネスモデルが、ＳａａＳモデルやＴＨＥ ＭＯＤＥＬのような形に変わることに成功すれば、経営者から大きく評価されますし、会社の生産性が上がればやりがいを感じることもできます。外部のＤＸコンサルティング会社を巻き込んでみてもいいかもしれません。

結果を出した暁には、あなたは社内の「名誉ある改革者」「ＤＸ人材」としてのスキル経験を手に入れるだけではなく、先端スタートアップへの転職チケットまでついてくることになります。

キャリアアップの第一歩は、スキル・経験の自己分析と方向性決めから

こうした**「染み出し型」のキャリアアップを実現するための第一歩は、現時点でのスキルや経験を棚卸しして、何が自分の「武器」になるかを、正確に把握すること**です。

「武器」になるものをきちんと理解していれば、あとはそれが求められるフィールドを選んで転職し、キャリアアップをしていけばいいのです。

方向性さえ間違えなければ、人それぞれスピード感は違えども、着実に先端スタートアップへと染み出していけるでしょう。

逆に言うと、**自分の「武器」も把握せずに、やみくもに転職をしてしまうと、「染み出し」のキャリアアップどころか、スキルも経験も通用しない場所でのゼロスタートになってしまいます。**

そういった事態を避けるためにも、「染み出し」のキャリアアップを目指す場合、**最初の自己分析と方向性決めが、極めて重要**です。

面談時の自己アピールにも役立ちますので、自分がこれまでどのように動き、どんな成果を具体的に出してきたのかを見直し、自身の体験として詳細を語れるようにしておきましょう。

とはいえ、**スタートアップでは「継続して成果を出すこと」こそが重要**です。

その分野をたんに経験しているだけでは意味がなく、すでに成果を出していることはもちろん、その成果を転職後にも再現することが求められます。

「ステージクリア」しないと、失敗する

前出の「経営者ＪＰ」の井上社長は、キャリアセミナーなどで**「ステージクリアしていなければ、転職してもうまくいかない」**とも述べています。

つまり、**スキルを身につける途中で転職するのはダメ**だということで、まさにそのとおりだと思います。

スタートアップに限りませんが、

「いまの会社が嫌だから」

「いまの人間関係が嫌だから」

といった理由での転職は**「逃げの転職」で、あまりうまくいかないことが多い**のです。

なぜなら、**いまの会社で乗り越えられなかった壁があれば、次の会社でも同じような壁にぶつかる可能性が高い**からです。


たとえば、いつも「人間関係がうまくいかない」という理由で辞める人は、なぜそうなのかということに向き合わずに逃げているので、転職しても同じことが起きがちです。

いま抱えている、乗り越えなければいけない課題をステージクリアしないと、「いい転職」は難しいと思います。

営業マンであれば、ゼロから稼ぐ経験、つまりゼロからお客様との関係をつくる経験をしておかなければ、次の会社に行っても同じ問題にぶち当たるわけです。

「いまの会社で無理なことが、次の会社で本当にできるのか」ということです。

「いまの環境が悪いのか、自分のスキル不足が悪いのか」を知るために、思い切って環境を変え、そこで乗り越えられるか試してみるなど、仮説を立てて検証するために転職をしていくのならいいと思います。

あるいは、自分の努力でできるところまではやりきって、課題を明確にしたうえで、

「次の会社ではこれをしっかり解決したい」

と正直に伝えて、それに理解を示してくれる会社と出会い、最終的にその課題を次の会社で乗り越えられれば、それは転職した意味があると言えるでしょう。

　しかし、その「課題」が何かもわからない、**「なんとなく、いまが嫌だ」という理由で転職をしていると、失敗しがち**です。

Case 3

子育て期もスタートアップで時短勤務しキャリアを積む

セーフィー 常勤監査役　中島早香 氏

▼「子どもたちと過ごす時間を確保しながら、キャリアアップを実現できる会社で働きたい」

クラウド録画サービスを提供するスタートアップ「セーフィー」で、常勤監査役としてＩＰＯに向けた準備を進めた中島早香さんは、「自分がいま一番大事にしているもの」すなわち**「子どもたちと過ごす時間を確保しながら、キャリアアップを実現できる会社で働きたい」**と考え、アマテラスが提供しているキャリア女性のための時短転職サイトサービス「ママテラス」を使って「時短転職」を果たしました。

中島さんは大学卒業後、公認会計士試験に合格し、日本における四大監査法人のひとつ「あずさ監査法人」に入社しました。

入社2年目から全国を飛び回って、クライアントの子会社をひとりで行脚したり、現場主査として責任ある立場も受け持ったりするなど猛烈に働いてきました。

しかし、第2子の育休復帰後は「以前のようながむしゃらな働き方は難しい」と考え会社に相談、大きな監査チームに配置転換してもらって1カ所で安定的に業務ができるようになり、時短勤務制度も使うことができました。

とてもありがたい環境だったそうです。

しかし自分ばかりが配慮してもらうことに対し、同僚への申し訳なさを感じつつ、
「それでも、私はもっと子どもと過ごす時間を確保したい」と考えるようになりました。

また監査法人の仕事は「多種多様な業界を、会計や監査の側面から、広く浅く知る」というものですが、

「ひとつの業界に焦点を当てて、その実態について狭く深く知りたい」

「自社商品やサービスにかける情熱を持っている事業会社のクライアントたちのように、自分も同じような情熱を持って仕事をしたい」

と次第に感じるようになっていったそうです。

▼肩身の狭い思いはなくなり、仕事に対するやりがいを強く感じられるようになった

そんな中、マザーズ（現・グロース）上場フェーズのスタートアップのCFO（最高財務責任者）を務めている知人から、

「常勤監査役をやりませんか？」

という誘いを受け、はじめてのスタートアップ転職を決意し、「取締役常勤監査等委員長」という役職に就きました。

平均で週3・5日程度の出勤で、小学生の子どもたちを学童保育に預けるのは週の半分となり、家族との生活時間がよりよいバランスとなりました。

その一方で、自分の役職の責任をひとりで背負いまっとうできる仕事となったことで、これまでのような**肩身の狭い思いはなくなり、何よりも仕事に対するやりがいを強く感じられるようになった**そうです。

2年間の任期中に、「新たな学び」としてIPO準備のフェーズに興味を持ち、次

は「ママテラス」経由で転職活動をし、「セーフィー」へ常勤監査役として入社しました。

▼業種や役職よりも「子どもたちのそばで育児をしながら仕事を継続したい」

中島さんは面談前に確認項目を準備したうえで、いろいろな部門の人たちと会い、入社後の仕事のイメージを固めてから入社を決めたそうです。

たとえば監査役と一緒に仕事をする機会の多い管理部系のメンバーの、会計・経理方面の知識や上場経験、内部監査の体制などを、入社前にしっかりと確認しました。おかげで入社後に「こんなはずではなかった」と思うことはほとんどなかったそうです。

ただし入社3日目から、新型コロナによる1回目の緊急事態宣言（2020年4月）によってフルリモート勤務になったことは想定外でした。

参加者の名前も部門も担当業務もわからない中でオンライン経営会議に参加することになり、専門用語の飛び交う会話が頭に入らなかったときには、さすがに慌てたといいます。

CFOや法務・経理の担当者にリモート期間中も助けてもらい、緊急事態宣言の出ていた2カ月間は、事業内容などをじっくりと理解する時間に充てたそうです。

中島さんは転職にあたり、**業種や役職よりも「子どもたちのそばで育児をしながら仕事を継続したい」という希望をかなえられる勤務環境**を探していきました。

そのうえで、自分がワクワクして興味の持てる仕事、「いままで知らなかった知識を得たい、IPOの準備について知りたい」ということを実現できる仕事を見つけ、いまはいきいきと働いています。

第3章

どの会社を選べばいい？働くスタートアップを見極める（会社の見つけ方）

スタートアップの社長は「船に誰を乗せるか？」を考えている

スタートアップ業界に身を投じようという覚悟が固まったら、次はどのスタートアップ企業に転職するのがいいのかを考える段階に入ります。

その際には、**自分が「応援したい」と思えるスタートアップ企業に入るというのが基本中の基本**です。

「応援したい」というのは、すなわち、**その企業の「ビジョン」に共感できるかどうか**ということです。

スタートアップ企業とは、たとえるならば**「目的地（ビジョン）に向かって、航海をしようとしている船」**です。

そして、その航海はこれまで誰も成功したことがなく、成功の保証はありません。

航海中は当然、**船のキャプテン（社長）の裁量**が大きなものになります。

その中でも**「誰を船に乗せるか」は重要事項で、キャプテンが最終判断**を行います。

ロングセラーのビジネス書『ビジョナリーカンパニー2 飛躍の法則』（ジェームズ・C・コリンズ著、山岡洋一訳、日経BP社）では、採用について**「だれをバスに乗せるか」**というたとえを使っていました。

しかし、スタートアップはもっとリスキーなため、**「だれを船に乗せるか」**とよくたとえられます。

海に出れば、乗せている人をなかなか降ろせませんから、乗せるときはより慎重にならなければいけません。

天気の急変や嵐も多く、船が沈む危険性さえあります。

船に乗るには、目的地（ビジョン）への共感と、スキルが求められる

そもそもスタートアップという船は、目的地（ビジョン）があるからこそ動きはじめています。

目的地もないのに危険な航海に出る船長なんて、普通はいません。

「社会のこういう課題を解決したい」
「こういうことをして社会をこう変えたい」

といったビジョンがあるのです。

ほかの船員たち（社員たち）も、その目的地へと一緒に行きたいからこそ船に乗っています。

その船は、燃料（資金）も限定的です。

そして目的地（ビジョン）は決まっているけど、そこにたどり着く道は自由です。

ならば、効率的に早く到着できる技術を持つ船員を選び、限られた資金も、ほかの船員が納得いく範囲で成果に応じて分配しないといけません。

「『船長の気持ち』になって考えてみる」と見えてくる

「船長の気持ち」になって、どんな人に乗船許可を与えるかを考えてみてください。

航海に出る目的もなく、なんとなくふらっと乗り込もうとする人（＝スタートアップ業界への転職目的のない人）が嫌なのはもちろんのこと、目的地がどこかすら理解せずに**「冒険**

の旅に出たい！」というやる気だけで乗り込んでくる人（＝ビジョンへの共感がない人）も嫌でしょう。

船の目的地を理解していない人は、本人のモチベーション自体が1年も持ちません。自分がそこにいる理由がなければ、自ら潰れていってしまうのです。

また、「巨艦（大企業）での乗船経験はあるが、小さな船（スタートアップ）を操るスキルがなく、この船に乗せても活かす場所がない」という人などは、**「この船ではなく、もっとほかの船に乗ったほうがいいかも」**と船長は思うのです。

働く会社の見つけ方 1

3つの条件を満たすと確信できるところを選ぶ

後悔しないスタートアップ転職のための3つの条件

僕が常々、スタートアップ転職の希望者にお伝えしていることがあります。それが**「後悔しないスタートアップ転職のための3つの条件」**です。

①自分は何のためにスタートアップ業界に転職するのか？
②このスタートアップ企業で、自分の転職の目的は果たせそうか？
③この創業経営者（CEO）と、一緒に働きたいか？

この3つを自分に問いかけ、3つの条件を満たすと確信できるところへ転職をするようにしてください。
3つの条件の中で圧倒的に大事なのが、「①自分は何のためにスタートアップ業界に転職するのか？」です。

②も③も大事ですが、①ありきでの条件です。

「何のためにスタートアップ業界へ行くのか？」

この**①の問いに対する自分の答えがはっきりしないのであれば、スタートアップ転職はやめたほうがいい**でしょう。

「このスタートアップ企業で、自分の転職の目的は果たせそうか？」

既存の企業への転職だと、そこまで目的がはっきりしていなくても転職はできますが、スタートアップではそうはいきません。

そして、このスタートアップ業界へ行く「目的」が選んだ企業で果たせるかどうかというのが、「②このスタートアップ企業で、自分の転職の目的は果たせそうか？」です。

たとえば「スタートアップの経営者たちと一緒に仕事をしたい」などといった自分の転

職目的があって、それが次に生きる形で経験できるかどうかということです。目的が「ＡＩプロダクトの立ち上げに関わりたい」というようなことであった場合、その事業が立ち上がったか、立ち上がらなかったかという「結果」は二の次です。関われたのであれば、その転職は最低限の成功は収めていると言えます。

CEOとのミスマッチを防ぐ2つのポイント

「後悔しないスタートアップ転職のための3つの条件」における3つめの「③この創業経営者（ＣＥＯ）と、一緒に働きたいか？」とは、

「CEOが掲げている『社のビジョン』に共感できるかどうか」
「自分とCEOとの『人間的な価値観や相性』が合うかどうか」

という2方向から確認してください。

とくに規模の小さなアーリーステージのスタートアップは「会社＝社長（CEO）」です。会社のビジョンには「社長の思い」「社長の感じている問題意識や課題観」が反映されています。

また会社イコール社長だからこそ、たとえ自分の転職目的がかないそうな会社だったとしても、自分と合わないCEOの近くで働いていると息苦しくなってしまいます。

事業や業務が変わり得るスタートアップでは「ビジョンへの共感」が重要

スタートアップは環境の変化が激しいため、事業内容を修正せざるを得ない場面が非常に多くあります。

ビジョンは変わらないとしても、**方向転換や路線変更、大きな軌道修正やまったく別の事業のスタート**など、スタートアップ業界で「ピボット」と呼ばれる事態はしょっちゅう起こるのです。

それに伴って、**自分の仕事内容や期待される役割も次々と変化**します。

あくまで自分は社員ですから、自分のしたいことだけをできるわけはなく、「いったんその仕事は置いておいて、別の仕事をやってくれ」と言われることも当然あります。

また、スタートアップは小さい組織ですので、プロフェッショナルとして参画しても、専門職以外のこともやらざるを得ないというケースも少なくありません。

ビジョンやCEOへの共感を持っている人は、「ビジョンの実現のために、いまはこれをしなければいけないから、経験はないけど勉強しよう、教えてもらおう」と柔軟に対応できたり、「専門外だけど、会社として意味のあることだからがんばろう」と自分で意味を見出せたりします。

それは、**最上位概念の「ビジョンへの共感」があるからこそ**です。

しかし、会社のビジョンへの共感がないと、会社の変化に応じられなくなって、「どうしてコロコロと仕事内容が変わるんだ」と怒りを覚えたり、「なぜ自分はここにいるのだろうか」などと悩んだりすることになります。

その答えが見出せなくなると、モチベーションが保てず、再転職を模索する羽目になるでしょう。

人間的な相性が合うかどうかは、

「ガンガン決めてくれるトップダウン型の経営者の下で働きたい」

「社の意思決定に私も絶対関わりたいから、ボトムアップ型の経営者がいい」

など、働く人の希望によります。

アマテラスの登録者の中では、**「論理的なコミュニケーションのとれる経営者がいい」という希望が多くなっています。**

論理的思考力を鍛えられてきた、大企業やコンサルの出身者が多いこともありますが、そのような人がロジカルに考え抜いた資料をつくって提案して、経営者に論理を超越した「勘」だけで全部決められたらイラッとしてしまう、といった理由なのでしょう。

だからこそ、**入社前にはＣＥＯと妥協なく話を重ね、価値観やビジョン、考え方などの理解を深めておくことが重要**です。

2 「求める人物像」が異なるので、企業フェーズごとの特徴を理解する

企業フェーズごとに「求める人物像」は異なる

さて、いよいよ具体的な企業の探し方に進んでいきます。

企業という「木」を1本1本やみくもに探す人が多いのですが、そうではなく、**まずは企業フェーズという「森を絞る」ことから始めてみましょう。**

スタートアップとひとくくりに言っても、**企業フェーズによって、社員に対する「求める人物像」が違います。**

転職者の「転職目的」や「スキル」によって、転職すべき企業フェーズが異なってくるので、スタートアップ転職において企業フェーズへの理解は欠かせません。

企業フェーズについての認識が甘いと、悲劇が起きてしまいます。

実際に起きた悪い例として、とある会社に時間差で入社した４人が４人とも、「社長と価値観が合わない」と言って辞めてしまったことがありました。

その会社のＣＥＯは高学歴の人に弱く、「東大卒の人だったら優秀に違いない」などと、初回面談ですぐに内定を出してしまっていました。

採用されたのは、「東大卒、大手企業勤務で社費派遣でＭＢＡ取得」「オックスフォード大学卒」などの、ピカピカの経歴の人たちばかりでした。

東大を出ていてもＭＢＡをとっていても、スタートアップでの仕事がはじめてであれば、すぐに活躍できるわけではありません。

その会社は創業間もない「シード／アーリー」フェーズだったので、なおのこと、経歴だけで即戦力となるのは非常に難しい状況です。

「シード／アーリー」フェーズは、社員たちにとって最も過酷な「人を育てる余裕がないけど即結果を求める」というフェーズなのです。

しかし、叩き上げの社長が採用を決めてしまいました。

採用された人たちの側にも問題はあって、

「自分のどこを評価したのか」

「どういうスキルや仕事を期待されているのか」

などを面談時に納得するまで聞かなければいけないのですが、それをしていませんでした。

またコロナ禍のせいで、オフィスに行くこともなくオンライン面談のみで入社を決めてしまっていました。

「社長とは対面で会ってください」

「場所にはエネルギーがあるので、オフィスには必ず行ってください」

とすすめているのですが、それをしていなかったのです。

そして入社すると、「3カ月でこのミッションをやり遂げろ」と社長が仕事を丸投げしました。しかし具体的な指示はないので、採用された人たちは、どう仕事を進めればいいのかわかりません。

まごまごしているうちに「なぜできないんだ！」と社長から頭ごなしに怒られるよ

うになりました。

お互いに「はじめてのハイスペック人材採用」と「はじめてのスタートアップ転職」で、ミスマッチが起きてしまったのです。

結局4人とも辞めてしまい、その後4人は、もう少し大きめの会社に転職していきました。

スタートアップの「企業フェーズ」ごとの特徴

スタートアップの企業フェーズごとの特徴は、次ページの図3-1のとおりです。

★シード／アーリー期

創業間もないころが「シード／アーリー期」です。

事業を企画している「創ろう！」という段階で、社員規模は20人以下、給与レベルも最も低くなります。

ただしストックオプションは多めにもらえる可能性があります（スタートアップの給与待

図3-1　スタートアップの企業フェーズごとの特徴

企業フェーズ	Seed/Early（シード／アーリー）	Middle（シリーズ A）	Later（シリーズ B・C）	Growth
企業特徴	「創ろう!」企画フェーズ	「売ろう!」開発・投入フェーズ	「拡大しよう!」規模拡大フェーズ	「確立しよう!」経営確立フェーズ
社員の特徴	• 創業メンバーとして参画したい • リスクを恐れず挑戦したい • お金はあとからついてくる		• 拡大フェーズで裁量権を持って働きたい • 仕組みやシステムを構築したい • 給与は自分のパフォーマンス次第	• 勝ち組ベンチャーで働きたい • 仕組みの最適化、効率化をしたい • 金銭的安定、社会的ステータスも求めている
社員規模数	1～20人	21～50人	51～150人	151人～

遇については、第4章で詳しく述べます）。

★ミドル期

次が「ミドル期」（投資ラウンドでいうところの「シリーズA」）で、**開発・投入フェーズで「売ろう！」という段階**です。社員規模は50人以下です。

★レーター期

その次が、事業が軌道に乗り始めている「レーター期」（シリーズB・C）で、**規模を「拡大しよう！」としている段階**です。

社員規模は51～150人以下くらいです。このレーター期までが、未上場です。

★グロース期

そしてＩＰＯを達成した新興上場企業「グロース期」（２０２２年４月から「グロース市場」に名称変更）が**経営確立フェーズ**で、社員数１５１人以上であることも多く、給与レベルも高くなります。

転職目的に合う「企業フェーズ」はどれ？

転職者の転職目的を３つに大別して、このフェーズに照らし合わせると、次のようになります。

①「創業メンバーとして参画したい」
（何もないところから事業を生み出す「0→1（ゼロイチ）」フェーズを経験したい）
→「シード／アーリー期」または「ミドル期」

②「拡大フェーズにある組織で、裁量権のある仕事がしたい」
（「1」を拡大していく「1→10」フェーズを経験したい）
→「ミドル期」または「レーター期」

③「スタートアップで働きたいが、そこまで冒険はしたくないので、資金調達済みの会社や、安定軌道に乗りつつある会社で働きたい」
→「レーター期」または「グロース期」

企業フェーズごとに、求められるスキルや経験も違ってくる

そしてこの会社のフェーズごとに、求められるスキルや経験も違ってきます。

Ａ「経営のＷＨＹ」を解決してきた経験
Ｂ「経営のＷＨＡＴ」を解決してきた経験
Ｃ「事業のＨＯＷ」を解決してきた経験

「あなたがこれまでのキャリアで解決してきたことは何でしょうか？」と聞かれて、このＡ、Ｂ、Ｃの３つのうち、どれに当てはまるかを考えてみてください。

Ａ、Ｂ、Ｃそれぞれに適する企業フェーズは、次のようになります。

Ａ→「シード／アーリー期」もしくは自ら起業
Ｂ→「ミドル期」
Ｃ→「レーター期」または「グロース期」

Ａ、Ｂ、Ｃのいずれも違うということであれば、残念ながら現時点でスタートアップには向いていません。

先ほどの例に出てきた、東大卒大手企業勤務の人は、「ＭＢＡをとったから大丈夫」と考えて「シード／アーリー期」の会社に入ったものの、「ゼロイチ（０→１）」フェーズの経験がなかったために、右往左往するだけになったのです。

彼の経験やスキルはおそらく「決められたことをしっかりと達成する」ことにあり、

「レーター期」や「グロース期」の会社に入っていれば、活躍できたことでしょう。

Ｊリーガーの欧州移籍と大企業からのスタートアップ転職は似ている

僕はサッカーが好きなので、よくスタートアップ転職を**Ｊリーガーの海外移籍**にたとえて説明しています。

Ｊリーガーが、はじめて海外移籍をする際にどこの国のどのリーグを選ぶのかと、スタートアップ転職で最初にどのフェーズを選ぶのかは、とても似ているからです。

Ｊリーグで実績があるからといって、いきなりＦＣバルセロナのような欧州のトップチームに移籍はできません。

同じサッカーでもアジアと欧州では評価のものさしが違うので、日本で活躍しても欧州で活躍できるという保証はありません。

そこで、まずは欧州というマーケットに第一歩を踏み出し、欧州のものさしで評価されてから、徐々にステップアップしてトップクラブを目指すのが定石です。

図3-2　Jリーガーのステップアップ

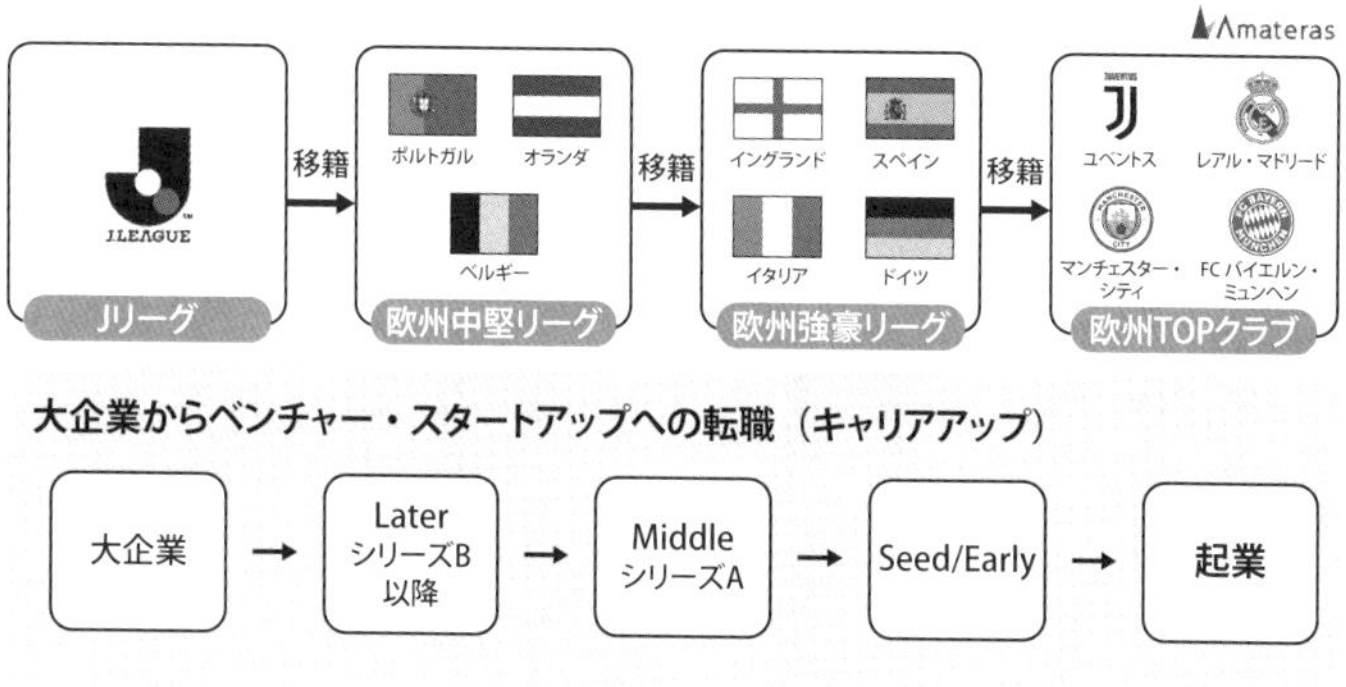

サッカーの欧州強豪リーグは、イングランド（マンチェスター・シティ）、スペイン（トップクラブはレアル・マドリードやＦＣバルセロナ）、イタリア（トップクラブはユベントス）、ドイツ（トップクラブはＦＣバイエルン・ミュンヘン）で、「強豪リーグへのショーケースリーグ」と言われる中堅リーグは、ポルトガル、オランダ、ベルギーなどです。

本田圭佑選手はＪ１の名古屋グランパスエイトで実績を出し、欧州での第一歩は、中堅のオランダリーグへの移籍でした。

そこで大活躍をしてロシアリーグの強豪チームの目に留まり、移籍後、主力として活躍します。そして、トップクラブであるイタリアのＡＣミランへの移籍を果たしたのです。

国内では「半端ない」実績を残し「日本のエース」と呼ばれていた大迫勇也選手も、欧州の第一歩はドイツの2部リーグで、その後、ドイツ・ブンデスリーガ1部にステップアップしました。

彼らのキャリアをアドバイスした代理人の手腕は、一流の転職エージェントのスキルと近いものがあると感じます。

本田圭佑選手がいきなりACミランに行ったとして、もちろん最初から通用した可能性もありますが、通用しなければ短期間で夢破れ、Jリーグに戻らざるを得なかったかもしれません。

「ギャンブルはせずに、着実にステップアップさせる」というキャリアビジョンを描いた代理人がいたのだと思います。

スタートアップ転職も、スタートアップ未経験者がいきなり「シード／アーリー期」の会社に入ったりCxOを目指したりするのではなく、**「レーター期」以降の会社からスタートして、スキルを積みながらしっかり「ステージクリア」をし、転職を繰り返してステップアップをしていけばいい**のです。

「大企業の人が向く」企業フェーズはどれ？

スタートアップ転職に話を戻すと、**大企業勤務の人は、「レーター期」や「グロース期」の会社に最もソフトランディングしやすい**のです。

会社のフェーズごとに求められるスキル・経験と、自分のスキル・経験とが、ある程度フィットするのがベストです。

このように**「転職目的」と「スキル」**とで、**自分に合った企業フェーズが見えてくる**のです。

また、**企業フェーズごとに、転職者のリスク（というか「前提条件」ですが）も異なってきます**。

自分に合っていないフェーズのところに転職を希望するのであれば、リスクを相当に覚悟する必要があります。

・「シード／アーリー期」会社の倒産や短期間でのクビ

図3-3　自分に合った企業フェーズはどれか？

フェーズ	シード／アーリー	ミドル （シリーズA）	レーター （シリーズB以降）
求められる経験	★経営の“WHY”を解決してきた経験 • 企業成長に必要なことを考え、それを達成してきた経験 • 0→1を成功させたリーダーシップ	★経営の“WHAT”を解決してきた経験 • 事業の目標達成のために必要な計画・行動を考え、達成してきた経験 • 1→10を成功させたリーダーシップ	★事業の“HOW”を解決してきた経験 • 求められた計画に従い行動し、目標を達成してきた経験 • 目標達成にリーダーorメンバーとして貢献
得られる経験	★企業の立ち上げ期を経験 • 起業の疑似体験 • 人・モノ・カネについての経営者スキル	★合理的な経営への移行期を経験 • ビジネスの仕組み化やシステム化 • 拡大する事業・組織でのマネジメント経験	★合理的な経営の確立期を経験 • ビジネスの最適化や効率化の経験 • 経営体制の管理確立
参画するリスク	★会社の倒産、解散、廃業 ★短期間での退職・クビ • 成果が出せない • CEOと価値観が合わない　など	★カルチャーミスマッチによる退職 • 創業メンバーと価値観が合わない ★IPOの延期やとりやめによるキャリアプランの変更	★成長鈍化によるキャリアアップ機会の損失 ★上が詰まっていて昇格できない

・「ミドル期」カルチャーミスマッチによる退職、ＩＰＯの延期やとりやめ
・「レーター期」成長の鈍化やポジション不足、また思ったより仕事の裁量がない

などが、リスクとして考えられます。

働く会社の見つけ方 3

「CxOポジション」になる5つのパターン

「CxOポジション」になるには、どうすればいい？

前項でも触れたように、スタートアップ転職の目的のひとつに**「経営に携わりたい」**というものがあります。

具体的には、CxOに就任するということです。実際、

「スタートアップのCxOになるにはどうすればいいのか？」

という質問をよく受けます。

スタートアップ転職ではほとんどの場合、**「CFO（最高財務責任者）」「COO（最高執行責任者）」「CTO（最高技術責任者）」**の3つのいずれかになることが多いのは事実です。

まず前提として、CxOに求められるスキルとは、先ほど（144ページ）の**「A：経営のWHYを解決してきた経験」**、つまり**「経営メンバーとして企業成長に必要なことを考え、それを達成することができるか」**ということが問われます。

「経営視点でのマインド」と「経営課題を解決できる力」の両方を持っている人でないと、CxOになることは難しいでしょう。

CxOになるルートとして、5つのパターンがある

CxOになるルートとしては、具体的に次の5つのパターンがあります。

①「創業メンバー」としてC×O参画

まず、「シード／アーリー期」または「ミドル期」フェーズのスタートアップに**「①創業メンバーとして入る」**というのがあります。

社長との知り合いという関係があって、タイミングが合えば、能力が若干足りなくても、はじめからC×Oになることは可能です。

ただし自分も成長しないと、あとから入ってきた人にリプレイスされる場合もあります。

でも**「何が何でもC×Oになりたい」ということであれば、小さい会社にならチャンスがあります。まだ「C×Oの枠」が余っている**こともあるからです。

②「拡大ステージ」にC×O参画

次は「ミドル期」か「レーター期」フェーズのスタートアップに**「②拡大ステージで参画する」**。

これは会社もそこそこ大きくなっている段階ですので、ここからは実績やスキルがないと、C×Oポジションはなかなかオファーしてもらえません。

しかもプレーイングマネジャーとして、プレーヤーとしてもマネジメント役としても、何でもこなすことが求められます。

公認会計士として王道コースを歩んできた人は、この②のパターンは難しいものがあります。なぜなら、現場のプレーヤーとしてのスキルがないからです。

経理事務をやれと言われると、「わかりません」と言う公認会計士は案外といます。

拡大ステージのＣＦＯは、経理部の現場から叩き上げでやってきた人のほうが、プレーイングマネジャーとしての能力が上回っている場合もあります。

③「経営確立ステージ」にC×O参画

「レーター期」や「グロース期」のフェーズのスタートアップに**「③経営確立ステージにC×O参画」**するのが、最も難しいコースです。

株主や既存メンバーがたくさんいる中で、あとから入ってＣｘＯになるには、まわりを納得させるだけの実績と、誰が見てもすごい経歴がないといけません。

コンサル上がりなどハイスペック人材はここから入ることが多く、ゴールドマン・サックス出身のＣＦＯといったピカピカの経歴があれば、入る資格があると認められますが、そうでなければ株主も許してくれません。

ＶＣ（ベンチャーキャピタル）などが「どうしてこのタイミングでＣＦＯが入ってくるんだ？」などと追及してきますし、**必ず成果を短期間で求められます。相当ハードルが高い**

ということです。

④「メンバークラス」として参画し、C×O昇格

「④メンバークラスとして参画して、C×O昇格」は、社員として働きながら、上が空いたときにその座に就くというパターンです。

⑤スタートアップでひととおり経験してから、C×Oとして転職

そして**一番おすすめのコースが「⑤スタートアップでひととおり経験してから、C×Oとして転職」**です。

1社目にそこそこ知名度のある「レーター期」や「グロース期」くらいのスタートアップでひととおりの経験をして、「スタートアップ村」の中で**「あの会社であの仕事をやっていたのね」という、しっかりとした実績を認識される**ようになりましょう。

ここでいう実績とは、**「事業を失敗してもいいので、グッドチャレンジをして爪痕を残す」**ということです。

そして、**そこでの経験・人脈・信用資産を活用して、2社目のスタートアップにC×Oとして転職するのが、一番スムーズ**なのです。

2社目は「ミドル期」でも「シード／アーリー期」でも構いません。自分の本当にやりたい事業をやっているスタートアップを選びましょう。

基本的に僕はいろいろな人に、**「いきなりC×Oになるのはやめたほうがいいですよ」**と言っています。

人生100年時代に、急ぐことはありません。

まず①~④が難しいのは、タイミングや縁の影響が相当あるからです。

とりあえず1社目のスタートアップ転職ではC×Oにこだわらずに、しっかりとスタートアップで経験を積んで他社から声がかかる状況にしておくほうが、ソフトランディングできて失敗リスクが少ないのです。

働く会社の見つけ方 4

これからの成長分野、有望なスタートアップはどう見つける?

社会に貢献する会社こそが有望

「成長市場領域で、有望なスタートアップ」の判断基準は、僕の場合は**「解決する社会課題が大きい企業」**です。

たとえば、脱炭素問題を解決する会社は、間違いなく日本や世界にとって大きな影響があるので、これからぐんと伸びる可能性があります。

社会課題が大きければ大きいほど、それを解決することによって社会が大きく変わるし、それによって結果的に大きなビジネスができる素晴らしい会社になるはずです。

具体的には**「SDGs」の17の課題につながっている会社が有望**だと言えるでしょう。

また**日本は「課題先進国」なので、日本の課題を解決できるスタートアップは世界に打って出ることができる**と考えています。

たとえば日本は女性に家事育児が偏っていて男女不平等であるがゆえに、晩婚化や少子化が進んでいるという課題を抱えていますが、その分、「フェムテック」という女性の健康問題を技術で解決する分野、とくに不妊治療の分野のスタートアップが増えています。

これらはいずれ、世界的に活躍する企業になる可能性があると思います。

２０２１年に上場した「ステムセル研究所」は、卵子凍結の技術を持ったスタートアップ企業です。

女性は一般的に35歳以上になると、卵子の質が低下し、妊娠率や出産率も低下してしまうと言われています。

しかし、若いころに自分の卵子を凍結しておけば、もし結婚・出産が遅くなったときに備えられます。ステムセル研究所の技術は市場でも評価されていて、株価もついています。

やはり**「日本ならではの課題を解決する技術系スタートアップ」は、高いポテンシャルを持っている**のです。

ほかにも、台風が来るエリアでも壊れない風力発電機を開発した「チャレナジー」は、日本をはじめ東南アジアのエネルギー問題を解決できるポテンシャルを持っています。

２０２１年8月には、日本の3倍の頻度で台風が来るフィリピンに、台風もエネルギーに換える風力発電機を稼働させました。

チャレナジーは、「キーエンス」に技術者として勤めていた清水敦史代表取締役CEOが、東日本大震災とそれによる福島の原発事故をきっかけに、**「全人類に安心安全なエネルギーを提供したい」**と創業したスタートアップです。

こういう会社にこそ、志ある優秀な人が行くべきだと僕は思っています。

そのため、アマテラスは**「社会課題の解決になる会社としか付き合わない」**と決めています。

スタートアップ業界が人手不足だからこそ、「優秀な人材や即戦力になりそうな人材は、人や社会の役に立つ会社に送り込みたい」と考えているのです。

そうして「まだ小さいけれど、社会課題をでっかく解決するような会社」に人材を送り、社会を大きく変えていきたいと思っています。

したがって、あくまで一例ですが「流行っているのでタピオカ店をやります」などといった「自称スタートアップ」や、社会課題の解決にはつながらないゲーム会社などは、申し訳ないですがアマテラスからの紹介をお断りしています。

これからの成長分野は、どこ？

これから成長しそうな有望スタートアップで働きたいと考えている人は、次の３つの視点で企業を探してみることをおすすめします。

①バーチャルファースト時代に見合った分野か？

新型コロナウイルスのパンデミックによって人との接触が難しくなりましたが、リモートワークでも世の中は回るということがわかってしまいました。将来、**すべてがビフォーコロナのように元に戻るということはない**でしょう。

オンラインにできるものはオンラインでやる社会、**「バーチャルファースト」の時代**にいっきに変わっていきます。なので、その前提に立ったビジネスモデルの会社かどうかは重要です。

たとえば、「電子署名」を実現し、さまざまな契約締結をすべてオンライン上でできるようにした弁護士ドットコムの「クラウドサイン」のように、デジタルでビジネスを完結できるスタートアップは、これからさらに勢いを増しそうです。

僕がいま注目している、バーチャルファースト時代のスタートアップのひとつが「Synamon《シナモン》」（代表取締役・武樋恒さん）という「メタバース」企業です。

メタバースとは、インターネットの中に作られた3次元のバーチャル（仮想）空間、およびその概念のことを意味します。似た意味を持つ言葉として「XR」があり、XRはそうした仮想空間を表現するための技術です。

XRは「VR」「AR」「MR」の総称でもあります。「VR」（Virtual Reality、仮想現実）はゴーグルをつけるなどしてクローズドな世界に視覚空間を投影するもので、「AR」（Augmented Reality、拡張現実）はスマホゲームの「ポケモンGO」のように、現実世界に視覚情報を重複表示させるものです。その中間に「MR（Mixed Reality、複合現実）」というものもあります。

　Synamonはバーチャル空間内でマルチプレイのコミュニケーションがとれる技術を開発し、シリコンバレーの展示会でも高評価を得た企業です。２０２１年秋から企業向けの「メタバース構築支援サービス」を提供しており、企業のバーチャル空間を活用したプロモーションや新規事業創出に、一緒に取り組んでいます。

　人々がそれぞれ違う場所からゴーグルをつけて同じバーチャル空間に集い、活動できるので、サッカー観戦やショッピングなどにもこれから活用される可能性があります。

②ウェルビーイング（幸福、健康）の価値観を提供している企業か？

　一方、「バーチャルファースト」が加速するその副産物として、人々のメンタルへの影響も懸念され、人間のウェルビーイングに注目が集まっています。

　今後のスタートアップも、**社員にウェルビーイングという価値観を提供し、働き方に配慮をしている会社や、ウェルビーイングをかなえる技術を提供している会社などが伸びて**

いくでしょう。
先端的なスタートアップ企業ほど、ＣＥＯが率先してワークライフバランスを推進しています。

ＡＩスタートアップの「ＲｅｖＣｏｍｍ《レブコム》」は、ＡＩ搭載型クラウドＩＰ電話のサービスを展開しています。

電話営業や顧客対応の内容をＡＩがリアルタイムで解析し、成約率や解約率の改善に役立てられるというものです。

ＲｅｖＣｏｍｍの社長である會田武史さんは自ら率先して育児休業をとり、ＳＮＳなどで発信しています。


スタートアップの「覚悟すべき前提条件」に「ハードワーク」があると書きましたが、時間的なハードワークはスタートアップ業界でも少なくなってきていて、「責任重大」という意味でのハードワークです。

優秀な人材ほど短い時間で成果を出し、ワークライフバランスも意識しています。

労働時間で縛るようなやり方は、スタートアップであれ既存企業であれ、いまや通用し

なくなっているのです。

③令和版コーポレートガバナンスを導入しているか？

「バーチャルファースト」と「ウェルビーイング」の時代に適応するためには、企業も**「令和版コーポレートガバナンス」**を導入していかなければいけません。

具体的には、「ジョブ型雇用」「スキル・成果が中心の評価制度」「兼業・副業自由」「人材流動性が高い」「多様なバックグラウンドを持つ社員がいる」などです。

個人の自由度を高めるルールを、きちんと導入しているスタートアップを選びましょう。

ブラック企業を見極める方法は？

ただしスタートアップの場合、やる気に満ち溢れた社員が自発的に寝食を忘れて働くケースもあるので、**ブラックな労務環境とは紙一重**とも言えます。

そのため、**僕の「ブラック企業」の定義は「『社員の意に反して』不当に長時間労働を強いている企業」**というものです。

いずれにせよ、平均的な残業時間や有給休暇の取得状況などは、採用面談時などに確認することをおすすめします。**労務に疎いスタートアップも多いので、自分からきちんと聞くべき**です。

とくに、長時間労働はしたくない、できないという人は、入社前に自分ではっきりとその要望を企業側に伝え、事前交渉をしましょう。

そのうえで企業側がこちらの要望を了承してくれたら、オファーレターにもその労務条件、有給休暇の日数や残業時間の上限などを明記してもらうのです。

こちらの要望についての回答があいまいだったり、オファーレターへの記載をしてくれなかったりする場合には、入社しないほうがいいと思います。

なお、**最近では上場2年前くらいのスタートアップともなると、大企業よりもよほど「ホワイト企業」**です。

なぜかというと、上場基準で**「社員が有給休暇を100％消化していないといけない」「月間の残業時間が40時間を超えたら上場させない」**などと、労務条件が厳しく決まっているからです。

働く会社の見つけ方 5

自分に合った会社を絞り込んでいく4つの方法

自分に合ったスタートアップ企業を絞り込む方法

こうしたスタートアップ業界の潮流も押さえつつ、「働きたい」と思う転職候補企業がいくつかピックアップできたら、自分に合ったスタートアップ企業をさらに絞り込んでいきます。

企業を探す方法は、次の４つがあります。

①自分の目で会社の内部を見る

まず何よりも、**自分が「インサイダー（内部の人）」になるのが一番手っ取り早い方法**です。試用期間やインターン、副業などで、実際にジョインするのです。

僕の感覚では、**1カ月もあれば充分**でしょう。

すぐできることは、オフィスやトイレは掃除が行き届いているか、時計の時刻がズレたままになっていないかなどを観察することです。

汚いオフィスや時刻のズレた時計があれば、社員たちが会社のことを他人事に見ている証拠です。他人任せの人たちと働くと、のちのち嫌な思いをする可能性が高いかもしれない、と判断できます。

また経営会議・部署別の定例会議などの会社の意思決定の場に何度か出席させてもらい、

「どういう人たちが、どういうプロセスで意思決定をしているのか」

「力関係はどうなっているのか」

なども確認してみましょう。**経営会議こそ、会社のカルチャーや成長ポテンシャルを肌で感じられる場所**です。

「入社前に経営会議に参加するなんて無理だろう」と普通は思うでしょうが、スタートアップの経営会議は人事評価などデリケートなトピックを除き、オープンであることが多いものです。

入社前であっても、あなたが採用候補者であれば参加させてくれる可能性は充分にありますので、参加を打診してみるのはおすすめです。

②社員から聞く

面接だけでは、社長はいいことしか言いませんし、社員も外部の人には悪いことを言えません。

しかし、中に入ったうえで**社員にいろいろと会社について聞いてみる**と、ある程度本音を話してもらえます。

これまででびっくりしたことのひとつが、社内向けのスケジュール表で、**社長の予定の3分の1ほどに「G」と書いてあった**ということでした。

社員に聞いたら**「ゴルフに行っている」**と言います。

仕事の付き合いで時々ゴルフをするというくらいならいいですが、度を過ぎています。

こんなことは、会社の中に入って聞いてみないと絶対にわかりません。

ゴルフのほかにも、酒や女性関係で乱れているスタートアップの社長はわりといます。

トップのプレッシャーでストレスがたまっているから、そこに頼ってしまう人もいるのかなとは思いますが、残念ながら公私混同をしてしまうタイプの社長だということです。

スタートアップは「会社＝社長」で、人の性質というのは、他人からは変えられません。

社長の人間性に問題を感じたら、入社しないほうがいいでしょう。

③クチコミサイトを見る

社員による会社評価のクチコミサイトはいくつもあり、「ＯｐｅｎＷｏｒｋ」などが盛り上がっています。

リクルートもアメリカの求職者クチコミサイト**「グラスドア」**を２０１８年に買収しています。

ただ、クチコミサイトは真実性が低いので、すべてを信用してはいけませんし、スタートアップは日々変化しているので、古い書き込みは現在の状況とは大きく異なる場合もあります。しかし一部真実もあり、それで自浄作用がある程度働くようにもなってきています。

労務問題や社内の不倫情報など、事実がないと書けないことが書いてあれば、そのクチコミは案外正しいかもしれません。

常軌を逸した労務環境の会社などは、クチコミサイトで暴かれています。

④株主から聞く

そして、最後の4つめが**「株主から聞く」**です。

CEOの次に会社の情報をたくさん持っているのが、株主、VC（ベンチャーキャピタル）やエンジェル投資家たちです。

> 僕がドリームインキュベータでベンチャーキャピタリスト（投資担当者）をしていたときには、よく投資先のCEOから、事業の相談だけでなく、経営幹部の人事処遇や家庭の問題など、デリケートな課題についても相談されたものです。
>
> トップは孤独で、幹部に相談できないことも多いため、株主は貴重な相談相手だったりします。

もちろん、ツテがなければなかなか難しいですが、**もしも知り合いにVCの人などがいれば、会社の評判をぜひ聞いてください**。なぜなら株主というのは、リスクマネーを張って投資をしているわけで、「その会社がいいと思った理由やリスク要因」を絶対に持って

いるからです。

その会社の何がリスクか、なぜ伸びそうだと思うのか、分析をしたうえで投資をしていますから、それはすごく貴重な意見なのです。


ネット検索でも、投資理由がわかることはあります。

実績あるVCほど、ホームページに「ポートフォリオ」欄があり、投資先一覧が記載されていて、なぜこの会社に投資をしたのか理由が書いてあります。

さらに、それらをキャピタリスト別に明記しているVCもあります。

投資をしているキャピタリストの個人名がわかれば、返事が来るか来ないかは賭けですが、思い切ってSNSなどで連絡をとってみるのも、大いに「アリ」です。


ただ、株主に話を聞くということには、ひとつリスクもあります。

株主もそのスタートアップに伸びてほしいため、**株主に会うことがイコール入社面談にもなりがち**だということです。

「この人は使えないな」と思われてしまったら、「採用しちゃダメだ」と株主がスタートアップに伝えてしまいます。

反対に「この人はぜひ採ったほうがいいよ」と言ってくれることもあります。

僕自身、前職がキャピタリストだったので、こういうことはよくやってきました。

株主も投資先に伸びてほしいと思っているため、スタートアップに「いい人材を採用してほしい」と願うのは当然のことなのです。

Case 4

還暦目前に大企業からスタートアップへ転身

新世代のバイオ素材を開発するスタートアップのマーケティング責任者

Y氏

▼「『成果を出せるスキル』さえあれば、年齢は関係ない」

転職では年齢がネックになるケースもありますが、スタートアップでは「『成果を出せるスキル』さえあれば、年齢は関係ない」という企業が多くあります。

大手食品メーカーで働き、マーケティング部長をしていた当時58歳のYさんは、新世代のバイオ素材を開発するスタートアップのマーケティング責任者として転職をしました。

同社は大学発の研究開発型スタートアップで、ユニークな天然素材にヒントを得た独自の人工たんぱく質素材を開発・販売しています。

化学繊維に似た衣類の素材や樹脂などへと加工の幅が広いうえに、廃棄後は土や水中で分解されるため環境負荷が低い新素材で、2021年になって海外の投資会社から国内最大級の資金調達をするほど、世界的に注目されている企業です。

たんぱく質の量産の目処がつき、いよいよ新素材を使った衣料品をつくって売ろうという段階に入っていましたが、「B2C商品をどうやって売っていけばいいか、わからない」という課題を抱えていました。

そこで、コンシューマービジネスがわかるマーケティングのプロであるYさんとマッチングしたのです。

▼「もっと人の役に立ちたい、キャリアでひと花もふた花も咲かせたい」

Yさんとこのスタートアップの社長との最終面談には、僕も同席しています。

技術者はいるけれどもマーケティングはわからないし、会社としての体裁がまだ整っていない、同社の当時30代の若い創業社長と、百戦錬磨の経験がある年配マーケターとの、お互いのニーズがマッチした瞬間でした。

ただし、「年収だけは、申し訳ないけれど、それほど出せない」と社長が申し入れ、「構わない」とYさんが快諾したのです。

Yさんは定年退職の年齢が迫る中で、「もっと人の役に立ちたい、キャリアでひと花もふた花も咲かせたい」という思いが募っていたのだそうです。

「この会社なら、マーケティングや営業として長年働いてきた私の経験を活かし、貢献できるかもしれない」と感じたそうです。

▼第二のキャリア人生を築く

新卒から有名な大企業で花形のキャリアを積んできて、定年間近だったYさんがスタートアップに定着するかどうか、はじめは僕も心配しました。

年収も前職から半減しましたし、ポジションも取締役ではなくマネジャー職からのスタートでした。

しかもこのスタートアップは地方に拠点を置く会社のため、転職と同時に単身赴任生活をすることとなります。

しかし転職から4年以上経ったいまも、Yさんは同社で大活躍し、第二のキャリア人生を築いています。

年齢的にも、家族も「好きな仕事を自由にやってくれていいよ」と応援しているのだそうです。

▼お金もポジションもあとからついてくる

Yさんは非常に柔軟な方でしたが、大企業からスタートアップに転職する場合、応募者側が「相応の報酬や役職が欲しい」と主張し、

「スタートアップ経験のない人を採用するのはリスクだ」

「企業のブランドという『名札』で仕事をしてきた人が、スタートアップですぐに

実績を出せる保証は何もない」

と考える経営者側と、相容れないケースが多くみられます。

スタートアップでは、最初はある程度給与が下がるけれど、事業に貢献して利益を創出し能力を発揮すれば、お金もポジションもあとからついてくると考えるべきなのです。

第4章

スタートアップへのアプローチ方法は？転職活動での注意点

スタートアップと大企業では、採用のスタンスがまったく違う

第4章では、いざスタートアップへの転職活動をするときの、具体的な行動における注意点をお伝えしていきます。

スタートアップと大企業では、採用のスタンスがまったく違います。それをまず理解しておかないといけません。

採用には、大きく分けて2つの軸があります。

①ヒト軸

一方は**「ヒト軸」**で**「どんなヒトを採用したいか？」**で考えるというもの。

「学歴」や「年齢」「いまの勤務先の規模」「転職回数」などを見ます。

②イシュー軸

もう一方は**「イシュー軸」**で**「どんな課題を解決したいか？」**で考えるというもの。

こちらは「スキル」「実績」「経験」「スタンス」などを見ます。

スタートアップは圧倒的に「②イシュー軸」で採用をします。

事業を立ち上げるためには最速で目先の課題を解決していく必要があり、**解決すべき課題に対して解決実績（スキル）がある即戦力人材を採用したい**と思っています。

他方、事業が軌道に乗り、長期的に人材を育成して戦力化していく余力がある大企業は、「①ヒト軸」で採用をする傾向にあります。

スタートアップと大企業、それぞれの視座の違いが採用スタンスの違いになっています。

転職活動の注意点 1

「社長目線」で欲しい人材を考え、「成果を出せるスキル」を売り込む

「社長の気持ちになって考える」と、欲しい人材が見えてくる

第3章でも書きましたが、スタートアップでは「会社＝社長」と言えるほど社長の存在感が大きく、採用の可否は基本的に社長が判断します。

そのため、**転職活動のときは「社長目線」を意識**してください。

つまり、**「社長の気持ちになって考えてみる」**のです。

スタートアップは短期間で急成長しイグジットすることを目指していて、社長はステークホルダー（主に株主）に対して、それを実現する責任がある人です。

社長が考える優秀な人材とは、「頭がよいかどうか」よりも「目標達成に向けて貢献で

きる即戦力人材かどうか」です。

そのため応募者は、

「私はこういうことをしてきたので、再現性がある形で、こういう貢献ができます」

「営業組織を構築し、リーダーとして売上を上げられます」

「IPOに耐えうる内部管理体制をつくることができます」

などと、社長が感じている課題を解決できることを売り込むことが大事なのです。

社長が必要な人材だと感じたら、想定外のポジションでも採ることでしょう。

会社を起こした社長側からすると、自分が汗水流して育てている、かわいい企業に人手が足りなくなって人を採用するときには、**ガッツがあって自走できる人、若干野望があるくらいの人に来てほしい**と思います。

「何かをやりたい」とギラギラした人か、遠慮がちな人かといえば、もちろん前者のほうがいいのです。

目立ちたがり屋だろうが自信過剰だろうが、まず目の前の状況で生き残るための即戦力人材を求めているので、そのエネルギーで期間内にミッションを成し遂げてくれれば、何でもいい。**「2〜3年コミットして、その後は辞めてくれたって構わない」**とすら思っています。**長期的思考ではありません。**

「最初の3年間は教育期間で、そこから30代か40代くらいで開花してくれたらいい」と思っている大企業の採用とは、まったく違います。

「成果を出せるスキル」を面接で売り込もう

こうした「社長目線」が不足していると、大企業の面接を受けるような感じでスタートアップの面接を受けてしまいます。

たとえば職務経歴書を見ると、内容の9割ほどは経験したことをただズラズラと書いていて、なぜそのキャリアを積んできたのか、意志が見えません。

しかし、**大事なのは「成果を出せるスキル」を意識的に売り込む**ことです。

社長は必ず**「あなたは何ができるの?」**と聞くので、それに対する答えをしっかりと売り込みましょう。

「雇ってもらう」という姿勢ではなく「自分はこんな成果が出せるので、**貴社にこんな貢献をします**」と言い切れなければ、採用してもらうのはなかなか難しくなります。

「本当にこの会社が自分に合っているか」という意識を応募者側も持つ

一方で、応募者側も「本当にこの会社が自分に合っているかどうか」という点を審査する意識を持つようにしてください。

双方がプロフェッショナルとして、お互いがお互いを見極める場が、面接の場なのです。

「この会社はどういうふうに、社会に貢献していきたいのか？」

「どうしてこの事業をしているのか？」

など、応募者も聞きたいことはどんどん聞いていいのです。

ただ、遠慮して聞けない人が非常にたくさんいます。

スタートアップ側は、お互いに対等だと思っているので、しっかり妥協なく聞いてください。

これをしないと、転職の目的や、社長との相性、お互いの目指す方向性が見極めきれず、入社後にズレてしまって、うまくいかなくなります。

「社長にあれこれと話を聞いてしまっていいんですか？」と言う人がよくいますが、僕は**「むしろ社長とさえ話していれば、なんとかなるんですよ」**と伝えています。

転職活動の注意点 2
「なぜ」を5回繰り返し、志望動機を掘り下げる

社長は応募者の「何を」見ている？

社長には応募者に期待する成果があって、

「どのようにして、その成果を出そうとするのか？」

「これまで、どういうやり方で成果を出してきたのか？」

「それは、再現性がありそうかどうか？」

などを聞きます。

つまり、**「何をしてきたか」**よりも、

「どうやってあなたは、こういう成果を出してきたんですか？」

「その課題は、そもそもあなたが考えたんですか？」

などを聞きます。


これまでの仕事にちゃんとコミットしてこなかった人は、ここでボロが出ます。

たまたまフリーライダー的にその部署にいて、チームで成果を出しただけの人だと、リーダー的な視点で具体的なことが話せません。

それでは経営者は納得しないでしょう。

「なぜ？」を5回繰り返すだけでわかる

これは採用全般に共通して言えることですが、**面接官は基本的に、「なぜ？」「なぜ？」を5回ほど繰り返すだけで充分**という言い方もできます。

優秀な人は「なぜ？」を繰り返せば自分で考え、「なぜ、これができたのか」「なぜ、そ

うしようと思ったのか」などをきちんと話せますし、浅い人だとそこでボロが出るということです。

新卒採用に関して僕は詳しくありませんが、応募者の経験を聞くケースが多く、たいていは学生側が「部活をがんばりました」などと嘘を盛れてしまうようです。

そこで、人材採用に力を入れるリクルートは面接をひと工夫していて、応募者の幼少期の家庭環境などの**「原体験」**を聞くといいます。

それによって**「この人の『がんばれる理由』とは何だろう?」という、人間性の深い部分**を見ています。

苦労を乗り越えてきた経験があったり、一貫性のある意志を持ってがんばってきた経験があったりすると、**「入社後に何か問題が起きても、同じようにに自分でがんばれるんじゃないか」**と判断するようです。

志望動機がかなり重視される

スタートアップ採用では、志望動機をかなり重視します。

スタートアップは単一でニッチな事業をしているので、モチベーションを保ってその事業に取り組めるかどうかが重要になるからです。

「そのモチベーションの源泉は何か？」
「その人の持っているエネルギーの方向性が何なのか？」
「どうしてこれをしたいと思っているのか？」

これらを聞くのが、採用のポイントになってきます。

そのため、スタートアップの面談は基本的に、社長が行うのが一番効率的です。

社長自身がそもそも何らかの問題意識を持って、その事業に取り組んでいるわけで、

「私はこういう問題意識を持っているからこれをやっている、あなたはどうなの？」

と社長自ら自己開示して問われると、応募者も本音で話すようになります。

なお**少人数の会社で、ある程度のポジションになる予定の人材の面接なのに社長が会おうとしない会社は「採用への本気度」が感じられないので、転職する側も慎重になったほうがいい**かもしれません。

大企業と違って、会社のビジョンを語るのは社長にしかできませんし、社長を知らずにスタートアップに入社すると、ミスマッチの原因になります。**必ず社長に時間をとってもらって、入社前にしっかりと社長本人と話をする**ようにしてください。

それができない会社であれば、見送ったほうがいいでしょう。

転職活動の注意点 3

人事担当者、マネジャー、社長面接でそれぞれ気をつけるべきこと

面接が複数回ある場合は？

「レーター期」フェーズくらいの規模のスタートアップになると、3ステップほど複数回の面接が行われるケースがあります。

人事担当者、マネジャー、社長などが順に採用面接をするということです。

社長との面接は「イシュー軸」なので、経営者の視座で経営課題を指摘し、自分のスキル経験を活かしてどのようにその経営課題を解決するのか、またそれは経営にどのようなインパクトを与えるのかを伝えるのが有効になります。

一方で、**マネジャー層や人事担当者との面接になると、「ヒト軸」もそれなりに大切**になってきます。

マネジャーや人事担当者にはそこまで経営的視座がないので、「自分が一緒に働きやすい人が来てくれればいい」という意識がどうしても働くのです。

マネジャー層は、「イシュー軸」と「ヒト軸」との中間です。

スタートアップのマネジャーはプレーイングマネジャーであることが多いので、スキルのある人がもちろん欲しいですが、一方で自分の直属の部下になる人の採用でもあるので、「ヒト軸」も重視するのです。

自分が一緒に働きたい人かどうか、相性を見てきます。

経営者も好き嫌いは見ますが、応募者が人間的に嫌いなタイプでも、確実に成果を出せるのであれば採用します。

そして**人事担当者は、さらに「ヒト軸」で判断する割合が増えます。**

経営陣・マネジャー層から降りてきた採用ノルマをこなすことが大事なため、「どんな人を採用したいか」という「ヒト軸」のジョブディスクリプション（JD）をつくり、忠実にそのスペックに合う人を採用しようとするのです。

スキルがすごい優秀層が落とされることもある、その理由は？

そのため注意すべきなのは、**「すごくスキルのある人が、人事担当者やマネジャーレベルで選考から落とされた」という例がたくさんある**ということです。

優秀層にありがちですが、エージェントなどを介さずに自分で判断して転職活動をしたいという人たちが一定数いて、会社のホームページなどの正面ルートから応募します。

それをまず人事や総務の担当者がさばくのですが、人事がまず会ってみて「よくわからない人」は、選考を通りません。

「すごそうだけど、何がすごいのかよくわからないので社長、会ってみてください」などとは、人事担当者からは言えないからです。

もしかしたら、「こんなすごい人をよく見つけてきたな」と褒められるかもしれないけれども、「なんでこんな人に時間を使わなきゃいけなかったのか」と責められる可能性もあるので、判断ができないのです。

結局、**人事は社長やマネジャーが求めるとおりのスペックの人しか通さず、型破りな人は落としてしまう傾向**にあります。

そして、わりとよくあるのが、すごく優秀な人が「以前応募フォームから申し込んだ会社から返事がなく、落ちたのかもわからなかったので、アマテラス経由で応募してみた」ところ、あっさりと内定をとるというケースです。

人事は採用フォームを絶対に見ているので、**人事にとって判断のつかなかった人を無視した**のではないかと思います。

アマテラスは経営陣に直接応募メールが届く仕組みになっているので、確かなスキルがある人はきちんと採用される傾向にあります。

また、**マネジャーはあまりに優秀な人が応募してくると、自分の将来のライバルになりそうだからという理由で落とす**ことが結構あります。

そのため**基本的に、スタートアップ転職のファーストコンタクトは必ず経営陣になるように、なんとか手段を考えてみてください。**

キャラかぶりは避ける

採用面接の際に確認することとして、**「自分とかぶるキャラが社内にいないかどうか」は、ぜひ聞いたほうがいい**でしょう。

自分がいかに優秀でも、まったく同じキャラクターの人がいると、自分の価値が半減してしまったり、なかなか活躍できなくなってしまったりします。

たとえば、コンサルティングファーム出身者がスタートアップ企業に入社したら、すでに同業のトップコンサルファーム出身の同僚がいたというケースもあります。

そういう場合には、コンサル経験を活かして社内で際立つ存在になるということが難しくなりますし、キャラかぶりになることで自分の存在価値が薄くなるといった事態も起こり得ます。

すると、あとから入社した側としては「こんなはずじゃなかった」となってしまいます。企業側としては「コンサル出身者の社員がすでにきちんとパフォーマンスをしているけれど、もうひとりくらいコンサルがいたほうがいいかな」くらいの軽い理由で採用をしていた、ということはよくあるのです。

これを防ぐためには、**自分が貢献しようとしているスキルと同じようなものを持っている人、似たような経歴の人がいないかどうか**は面接時に確認したほうがいいでしょう。聞くのは、社長でも人事担当者でも構いません。

転職活動の注意点 **4**

年収交渉はしない。その代わり、絶対に必要な3つの点

年収の交渉はどうすべき?

スタートアップで働く際には、年収の交渉も自分で行う必要があります。

まず覚えておいてほしいのは、序章でも書きましたが、**「最初にすべてを手にする必要はない。お金はあとからついてくるという考え方をすべし」**ということです。

そのため僕は、**「入社の際には、年収の値上げ交渉はしないほうがいい」**とスタートアップ転職者にアドバイスをしています。

最初からゴリゴリと交渉すると、入社後に**「そこまで言うならよほどの自信があるんだろう、お手並み拝見」**という扱いになってしまい、**仕事を進めるうえでの社内協力を受け**

にくくなりがちです。

企業側も「優秀な人材だ」と評価すれば、いずれ相応の給与を支給するはずです。そうしないと、優秀な人に辞められてしまうからです。

ただし、**もし生活に困るような水準を提示されるようなら、そこは正直に必要な金額を伝えて交渉**しましょう。

また、助っ人としてほかのスタートアップから引き抜かれた人も、はじめから年収を提示して構いません。

しかし、**はじめてのスタートアップ転職や、新たに飛び込むフェーズの企業に転職する場合では、成果を出すまでは年収の交渉はしないほうがお互いのためにいい**ということです。

次ページの図4-1で、スタートアップの企業フェーズごとの給与目安を一覧にしているので、参考にしてください。

図4-1　スタートアップの企業フェーズごとの特徴と給与目安

<table>
<tr><td>企業フェーズ</td><td>Seed/Early
(シード/アーリー)</td><td colspan="2">Middle
(シリーズA)</td><td>Later
(シリーズB・C)</td></tr>
<tr><td>企業特徴</td><td>「創ろう!」
企画フェーズ</td><td colspan="2">「売ろう!」
開発・投入フェーズ</td><td>「拡大しよう!」
規模拡大フェーズ</td></tr>
<tr><td>社員の特徴</td><td colspan="2">• 創業メンバーとして参画したい
• リスクを恐れず挑戦したい
• お金はあとからついてくる</td><td colspan="2">• 拡大フェーズで裁量権を持って働きたい
• 仕組みやシステムを構築したい
• 給与は自分のパフォーマンス次第</td></tr>
<tr><td>社員規模数</td><td colspan="2">～50人</td><td colspan="2">51人～</td></tr>
<tr><td rowspan="2"></td><td colspan="4">給与目安（年収：円）</td></tr>
<tr><td colspan="4">マネジメントクラス</td></tr>
<tr><td>ビジネスサイド</td><td colspan="2">850万</td><td colspan="2">910万</td></tr>
<tr><td>エンジニア</td><td colspan="2">750万</td><td colspan="2">850万</td></tr>
<tr><td>財務経理</td><td colspan="2">720万</td><td colspan="2">960万</td></tr>
<tr><td></td><td colspan="4">メンバークラス</td></tr>
<tr><td>ビジネスサイド</td><td colspan="2">630万</td><td colspan="2">700万</td></tr>
<tr><td>エンジニア</td><td colspan="2">630万</td><td colspan="2">680万</td></tr>
<tr><td>財務経理</td><td colspan="2">610万</td><td colspan="2">640万</td></tr>
<tr><td>その他バックオフィス</td><td colspan="2">540万</td><td colspan="2">550万</td></tr>
</table>

年収交渉はせずとも、絶対に必要な3つの点は？

年収の交渉はせずとも、次の3点は絶対に必要です。

> ①3カ月後、6カ月後など「定期的な待遇交渉の場」を設ける
> ②「報酬体系」と「何をどう達成したらどれだけの給与になるか」を確認する
> ③「ボーナス支給実績」と、その根拠を確認する

待遇交渉の場は、通常は企業側から「いつ設けるか」という話をすると思いますが、念のため転職者の側からも確認し、確約をしてもらいましょう。

そして最初からいくらもらえるかではなく、入社後の評価プロセスと昇給プロセスの透明性と、それに納得できるかどうかについてしっかりと確認します。

そこが不透明な会社であれば、入社しないほうがいいでしょう。

スタートアップなので、大企業のようなきちんとした人事評価システムがあるわけではありません。

その分、ちゃんと社長と一対一で成果について話す場、

「これだけの成果を出したんだから、私はこのくらいもらってもいいんじゃないですか」

という話をする場があれば、それだけで充分なのです。

そして、

「3カ月に一度、昇給とボーナスに関しての打ち合わせを持つ」

「6月と12月の昇給月に社長と交渉の場を持つ」

などという条件を、オファーレターにも記載してもらいましょう。

「ベンチャースピリッツ宣誓3ヶ条」

アマテラスではスタートアップ転職を希望する人たちに対し、**「ベンチャースピリッツ宣誓3ヶ条」**に同意をしてもらっています。

同意してくれた人にのみ、企業を紹介しています。

①【原因自分論宣言】全ての原因を自分にあると考える、他人のせいにしない
②【創意工夫宣言】出来ない理由を考えるのではなく、どうすれば出来るかを考えそ

> の可能性に向けて行動する
>
> ③【チャレンジャー宣言】 失敗を恐れず挑戦する。挑戦者を称え、失敗者を応援する

これはスタートアップに限らず、あらゆるビジネスパーソンも心掛けたほうがいい内容ですが、**短期型、成果型のスタートアップなどの組織にこそ、より鋭く求められる資質**です。

「7年やってみろ」「何があっても人のせいにするな」

この「ベンチャースピリッツ宣誓3ヶ条」は、ドリームインキュベータ入社初日に当時の社長・堀紘一さんに言われたことが基盤になっています。

「今日からお前はプロ野球選手だと思え。プロ野球選手は結果がすべて。打率1割だったら言い訳もできないしクビになる。3割打つために全力で努力するのがプロだ。ビジネスも同じだ」

「プロとして結果を出せ。ただし、すぐに結果を出すのは難しい。7年やってみろ。

７年いたら、ドリームインキュベータとしても投資の回収ができる。最初の３年は赤字でいい。４年目に単月黒字を達成せよ。その覚悟がなければ、いまここで荷物をまとめて帰りなさい」

「何があっても人のせいにするな。人のせいにするのは簡単だ。そうなったのはすべて自分が原因と受け止めて、『どうすればよかったのか』と考えて行動することで成長できる。その考えで働けば、一流になれるよ」

と言われました。

「できない理由なんて、バカでも考えられる」

そして、後にドリームインキュベータの社長となった山川隆義さんからは、

「スタートアップはそもそも成功可能性が低い世界。できない理由を挙げていたらキリがない。創意工夫し、どうしたらできるのかを考えるのがこの世界では重要だ」

「できる可能性が１％でもあれば、そこに賭けて行動しろ。『できるかな？』ではな

く、やるんだよ」

と言われました。

堀さんも常々**「できない理由なんて、バカでも考えられる」**と言っていました。

これらが、まさにドリームインキュベータを形づくっている価値観、文化でした。

以前勤務していた銀行とは真逆の文化なので、当時29歳だった僕は、非常に感銘を受けました。

平凡な僕が、変化の速いスタートアップ業界で戦いつづけられているのは、この3ヶ条のおかげです。

ドリームインキュベータでは、多くのスタートアップのインキュベーションに携わってきましたが、実際に伸びるスタートアップの社長に共通しているポイントは、

「うまくいかないのを人や環境のせいにしない」

「できない理由よりも、どうしたらできるかを考える」

というもので、みなさん本当にプロフェッショナルなマインドを持った人たちです。

スタートアップ企業の成功可能性を高めるには、このようなマインドを持った人が増えていくことが必要だということです。

Case 5

スタートアップで副業や業務委託をする

カスタマーサクセス立ち上げのプロフェッショナル　Ｘ氏

スタートアップで副業や業務委託をする人たちも、コロナ禍を経て急増しています。

有名ＩＴ企業が勃興したころの中心メンバーで、事業開発・法人営業で実績を出してきたＸさんという女性は、その後、企業の人材情報を管理するＨＲテックを提供するスタートアップに転職し、カスタマーサクセス部署を立ち上げ、上場を果たしたという人物です。

すると、そのスキルを聞きつけ、「ぜひうちで働いてほしい」というスタートアップ企業がたくさん出てきました。そこで僕が、

「あなたのスキルは再現性があるので、転職してどこかの会社の専属になるよりも、いろいろな会社にそのスキルを還元したほうがいいんじゃないですか？」

「独立してから、業務委託の形でいろいろな会社に関わるやり方もありますよ」

というアドバイスをしました。

Xさんはついに独立をし、カスタマーサクセス立ち上げのプロフェッショナルとして、４つのスタートアップ企業を掛け持ちして、カスタマーサクセスの立ち上げを行っています。

またスタートアップ経営者と直接やりとりをする中で、営業戦略などもサポートし、経営メンバーとしてのスキルも身につけつつあり、いま彼女の仕事の単価はどんどん上がっていっています。

いちサラリーマンだった人が、スキルを売りにしてキャリアアップをしていく好例と言えます。

第5章

スタートアップをメガベンチャーへ育てるために転職後の働き方

図5-1　レガシー産業から先端スタートアップCxOへ染み出しイメージ

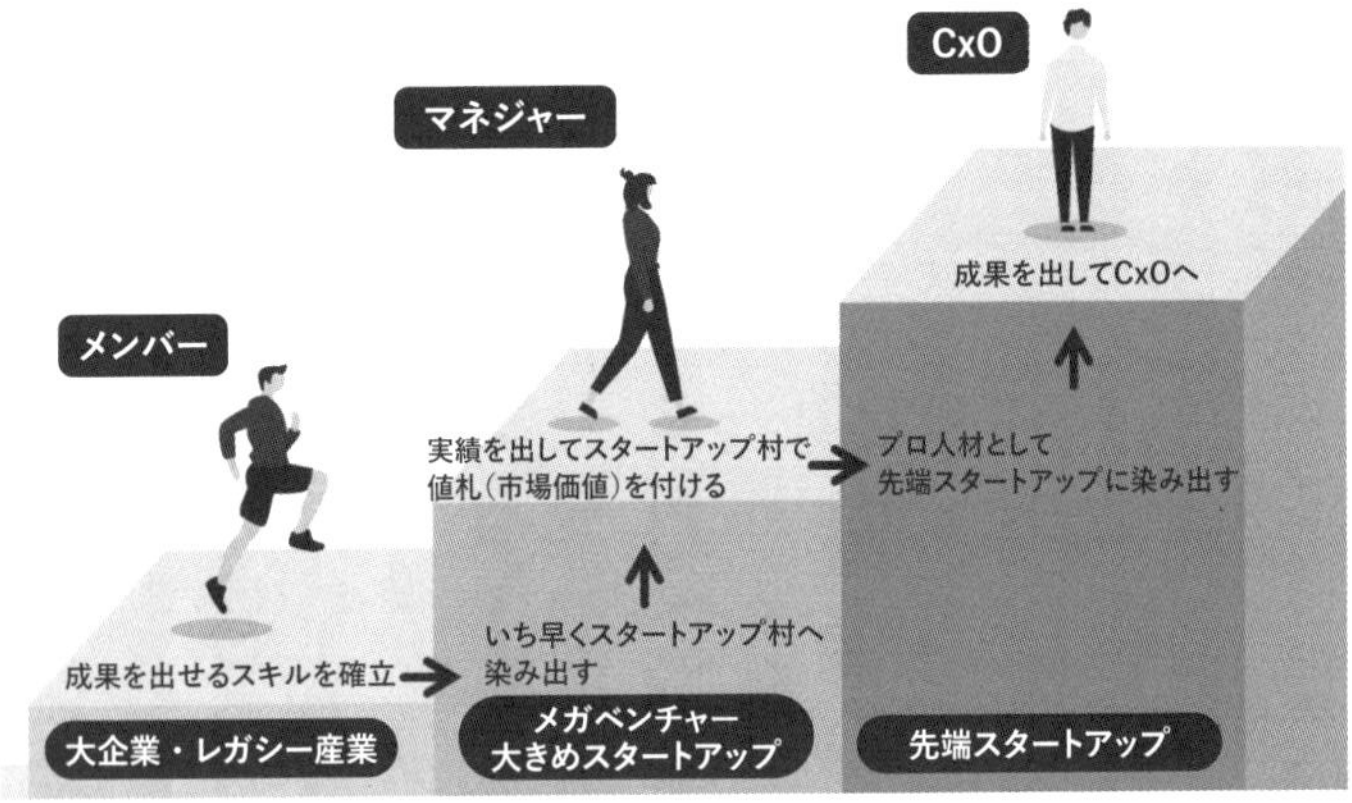

「スタートアップ転職」のその後

ここまでは、スタートアップ転職の心構えや転職活動についてお伝えしてきました。

一方、この第5章では、**「晴れてスタートアップに転職したあと、どのように働くべきか」**をテーマとしています。

スタートアップと大企業とでは、働き方も大きく違うからです。

まず、変化の激しいスタートアップ業界に飛び込んだあとの、キャリアパスが気になる人も多いと思います。

アマテラス経由でスタートアップ転職をした人たちを調査した結果、**その後も何かしら**

の形でスタートアップ界隈で活動しているという人が、全体の87・5%にのぼりました。

内訳は、次ページの図5-2のとおりです。

★1社目に入ったスタートアップに留まっている人　47%
★ほかのスタートアップに転職した人　21%
★メガベンチャーに転職した人　7%
★フリーランス・独立起業した人　12%

全体の半数近い人が、1社目のスタートアップ転職先に引き続き在籍しています。部長やCxOとして活躍している人もかなりいます。

フリーランスになった人たちも、スタートアップ業界でできた人間関係の中で仕事をとっていくケースが圧倒的に多くなっています。

他方、スタートアップに転じたあとに、大企業・中堅企業に戻った人は12%です。この層は自分がスタートアップに合わないことを早期に察知し、ほとんどが2年以内に転職しています。

図5-2　**スタートアップに転職した人の「その後」**

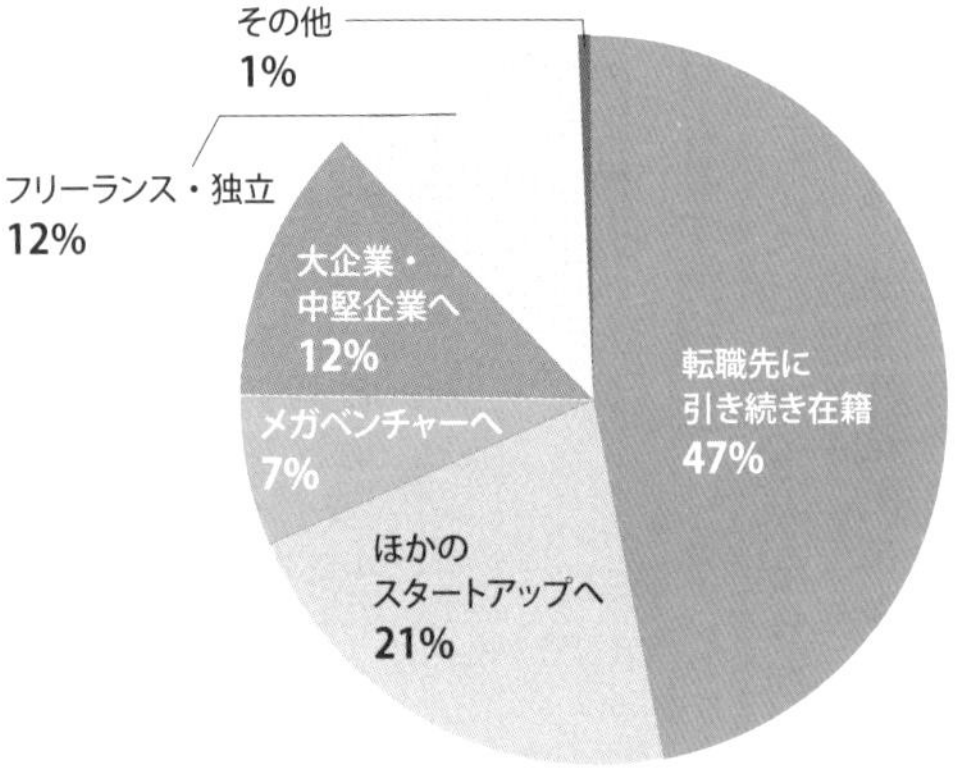

調査対象：2011～2019年にアマテラス経由でスタートアップ転職をした人（n＝191）
出所：https://amater.as/article/2021/10/06/career/

この調査結果から、**一度「スタートアップ村」に入った多くの人が、スタートアップでの働き方に満足し、そのまま「スタートアップ村」の住民になっている**ということがわかります。

ちなみに「スタートアップ村（ベンチャー村）」とは、日本のスタートアップ業界を指して、内外から呼びならわされている言葉です。

かつての村社会のように、濃厚で強固な人間関係があるスタートアップ業界を、この「スタートアップ村」という言葉が端的に表しています。

スタートアップ企業の一つひとつは、個人に対して「安定した雇用」は提供できないかもしれませんが、「スタートアップ村」

には、**「自立できるスキルをつけるための成長機会」が溢れている**のです。

自分の役割はどのように見つけるのか

スタートアップは**「目的地だけが決まっている船」**にたとえられます。

その**目的地に着くため、目的達成のために、自分がどう貢献できるのか、自分で考えて自分で行動する。**このマインドが、スタートアップではまず大事になってきます。

これは、正社員であっても副業であっても同様です。

スタートアップ転職のあと、

「自分は何を期待されているんですか？」

「どうすれば評価されますか？」

と周囲の人たちに聞く人がいますが、それはＮＧです。

主体性のない、言われたことだけをするタイプだと判断されてしまうからです。

転職後の働き方 1

スタートアップは育ててくれないが「機会」をくれる

——自分の居場所は、自分でつくる

自分の居場所は、自分でつくる

スタートアップでは、**自分の役割は自分で見つける**、**自分の居場所は自分でつくる**必要があります。

人に与えられるのではなく、自分で創出し確立するのです。

そして、おおよその役割やミッションが決まったうえで入社しているものの、**入ってしまえばすぐに状況が変わるのが、スタートアップの特徴**でもあります。

そのため、上司や社長、仕事上のキーパーソンなどと、仕事内容について常にすり合わせながら働く必要があります。

自分がどんな仕事をしたいのかについても、自分で普段から周囲に希望を伝え、チャンスを自らつくっていかなければなりません。

「どうして、この仕事を先にすることになったんですか？」

「この件は、私ではわかりませんので教えてください」

「会社がこうなっているんだったら、私はこうやりたいです」

などと言わなければいけない局面が必ずあるのです。


しかし、こういうことを言えずにため込むタイプが一定数います。とくに、女性に多い傾向です。

自己主張をすべきだと伝えても、「社長にそんなことを言っていいんですか？」などと遠慮してしまうような人です。

そして、**我慢して我慢して、突然「辞めます」と爆発**してしまいます。

「どうして辞めたいんですか？」と聞くと、「会社の方向性がどんどん変わってきて」などと言います。

「変わったときに理由を聞いたり、自分のやりたいことを伝えたりしましたか？」と聞いたら、「そんなことは社長に言えません」。

「何で言わないんですか？」と聞くと、「言っていいんですか？」と驚かれるのです。

スタートアップは育ててくれないが「機会」を与えてくれる

スタートアップは採用がすべてで、基本、育てません。

教育をしたくないわけではないのですが、**教育をする余裕がない**のです。

とくに新卒は教育に2〜3年かかると言われていて、その時間的・金銭的コストがもったいないため、スタートアップは基本的には新卒を採用しません。

「どこかで教育を受けてきて、自分が教育しなくても戦力になってくれる人が欲しい」と考えています。

その代わりに、**スタートアップは「機会」を与えてくれます。**

リクルートのかつての社訓、**「自ら機会を創出し、機会によって自らを成長させよ」**は、いまでもリクルートの社員たちが大切にしている言葉だといいますが、これが**スタートアップと非常に近い考え方**です。

スタートアップは「自ら成長していこう」というマインドのある人を採用し、彼らに機会、すなわち、裁量のある環境を提供しているということです。

そういう人材は自ら課題を見つけ、解決し、その過程で成長していきます。

成長する機会を他人（会社）に要望するような人材は採る必要はない、大企業や安定企業に行くべきだということです。

スタートアップCEOの仕事は、自社にふさわしい適切な人を採用し、その人が心を燃やせるような環境を整備することなのです。

利益はすべてを癒す

繰り返しになりますが、スタートアップでは「成果を出せるスキル」で成果を出すことが何よりも大前提となります。

ダイエー創業者の故中内切さんの言葉に**「売上はすべてを癒す」**というものがありますが、これをスタートアップ業界に適用すれば、**「利益はすべてを癒す」**と言えるでしょう。

社長に信頼されたかったら、やはり**「利益貢献」**をすることです。

この「利益貢献」という言葉は、営業なら「売上」を上げることですが、会社全体ではもっと広い意味で捉えるべきです。

たとえば人事部門なら、離職率を減らして会社全体の利益率を増やすこと、マーケティング部門ならＣＰＡ（顧客獲得単価）を下げて利益率を増やすことなどが、「すべてを癒す」ことに当たります。

これらの成果は必ずしもひとりで上げる必要もなく、周りを巻き込みながら成果にできれば問題ありません。

転職後の働き方

2 自分で機会をつくり、必要な人材をアサインし、予算交渉もできる「プロデューサー」を目指す

これからは「社会情勢」という意味だけではなく**「個人のキャリアパス」**についても**「答えがない時代」**になっていきます。

キャリアパスは「会社」が用意してくれる時代から、「個人」で考え、つくっていかなければいけない時代に変化していくのです。

第4章でも少し触れましたが、山川隆義さんは、僕がドリームインキュベータ時代に最も一緒にいた上司であり、いまでも最も影響を与えてくれている人です。

彼が「コロナ後に最も求められる人材とは」という記事（https://jbpress.ismedia.jp/articles/-/61231）で書いていて印象的なのが、**令和は「プロデューサーの時代」になる**ということです。

これからのビジネスパーソンは、**プロデューサー**になるか、**プロデューサーから声がかかるスペシャリスト**になるか、**その他大勢**になるか、のどれかになっていく、と山川さんは分析しています。

プロデューサーとはすなわち、**お客さんと「この企画をしましょう」と話をつけ、「予算をください」と交渉して、実際にもらってくる人**です。

**自分で機会をつくり、必要なプロフェッショナル人材をアサインして使いこなし、お金

を稼いで目的を達成していく、そうした一連のことができる人です。

こういう人は、じつはかなり**「レアキャラ」**です。

クリエイティビティ、ネットワーク力、人徳を高次元で求められるからです。

答えのない時代だからこそ、機会を創れるプロデューサーとしての能力が、令和時代では最強の武器となります。

山川さんの分析によると、**昭和は「サラリーマンの時代」**でした。

大企業の船に乗り、サラリーマンになるのが「一番いい進路」でした。

それに対して、その後の**平成は「プロフェッショナルスキルを持つスペシャリストの時代」**だったと山川さんは言います。

日本社会が成熟、あるいは衰退したことで、サラリーマンのコモディティ化（差別化要因のない一般的な人材）が進み、プロフェッショナルスキルを持つスペシャリストが台頭しました。

コンサルタント、公認会計士、弁護士、医者などです。

そして**令和は「プロデューサーの時代」**。

会社の壁がなくなる「個」の時代で、自らビジネスチャンスを見つけて外部のプロフェッショナルネットワークを持ち、活用できる人の価値が高まるのです。

「個人が優秀かどうか」よりも「目的を達成できるかどうか」が大事

スペシャリストなだけだと「プロデューサーに使われる人」になり、価値が低減します。

「個」の力でビジネスチャンスを捉え、プロジェクトを立ち上げ、回していけるようにならないといけません。

また**「個」だけでもダメ**なのです。

山川さんは**「スタンドアローンのコンピュータで計算している人は、ネットワークコンピューティングのパワーには絶対勝てない」**という名言もくれました。

もともとは、コンピューターメーカーの現日本ヒューレット・パッカードにいた山川さんはオープンソースの破壊力を身をもって感じた人であり、**「プロデューサーの時代」**の**ネットワークの重要性**を的確に表してくれています。

平成時代はコンサルや外資系銀行などで働いて「レアスキル」を磨き、**「個のハイスペック化」**をしていくことで評価されましたが、令和はその「個」がつながって、自らの力をつけつつ、**ネットワークを活かして**いかないといけません。**自分ひとりで解決できなくても、「解決できる人」を知っていて巻き込むことができればいい**のです。

一方で、**プロはプロとしか仕事をしない**ので、解決できるプロ人材を知っているだけでは不十分です。**プロ人材を動かす人徳も求められます。****「個人が優秀かどうか」よりも「目的を達成できるかどうか」が大事**だということです。

こうした**ネットワークにつながるためには、まずネットワークに貢献できるだけの「個」のスキルを確立すべき**です。

そのうえでスキル確立後は、ネットワークにつながって異業種交流戦をすることで、自らの市場価値を確認できるのです。

スタートアップでは、まさしく個人がネットワークコンピューティングのように社外とつながり、仕事をする環境があります。

スタートアップは、プロデュース力をつけるのに最適な場所なのです。

転職後の働き方 3

働きながら「値札」の値段を上げ、「レア人材」になる

「レア人材」と「セルフブランディング」の時代

令和時代は会社名という「名札」を超えて、プロフェッショナルとしての市場価値という「値札」を持つ個人で仕事を獲得していく時代になる、と第1章で書きました。

スタートアップで働くということは、まさにこの「値札」を活かして転職し、働きながらさらに「値札」の値段を上げていくということです。

元リクルートの藤原和博さんの有名なキャリア理論で、人材の市場価値は需要と供給で決まり、**「レア人材（レアキャラ、希少人材）」になることで、その市場価値は大きく上昇する**というものがあります。

スタートアップという社会を改革する側に参画して、いち早く「レアな経験」を積むことで「レア人材」となり、市場価値上昇の機会を得ることができるのです。

この市場価値というものは、難しい試験に通れば上がるというわけではありません。

たとえば公認会計士は取得するのが非常に難しい資格ですが、いまや４万人の資格保有者がいるため、意識して「レア人材」化していかない公認会計士は「コモディティ人材」になってしまいます。

弁護士も１９９９年の司法制度改革以降に急増し４万人以上となったため、低収入の人が増え、１年あたりの所得の中央値は約４００万円となっています。

「医者」や「東大卒」も、以前はその肩書きだけで「レアキャラ」扱いをされましたが、今後は「コモディティ人材」となっていくでしょう。

「レア人材」になると、

「唯一無二の存在であると世間が認知し、声がかかるようになる」

「ほかと比較されない、交換可能人材と思われない」

「よって、値段交渉もされない」

という状況をつくり出すことができるようになります。

より具体的には、**主なビジネス取引先5社が「〇〇の課題で困ったときにまずあなたに相談する」と、特定のカテゴリで第一想起してくれるようになれば、「コモディティ人材」から脱却して「レア人材」になれた**と言えます。

転職後の働き方 4

「レア人材」になるには「セルフブランディング」が不可欠

「レア」を「ニッチ」で終わらせない営業力

「レア人材」になるためには、**「自分はビジネスの世界において、どのように想起されたいのか？（Who are you?）」**をイメージし、ターゲットとする人たちに、その自分のイメージを正しく届ける努力、すなわち**「セルフブランディング」が必要不可欠**です。

「レア人材」と「セルフブランディング」は、車の両輪なのです。

ドリームインキュベータで働いていたころ、堀紘一さんと親しい作曲家の三枝成彰さんが、社内研修講師として来てくださり、お話を聞く機会がありました。
そのとき、作曲家に不可欠な能力は**「営業力」**だと言われていました。

どんなに素晴らしい作曲能力を持っていても、声がかからなければその能力は埋もれたままとなり、成果につながらない能力は無きに等しい。

作曲の天才はいっぱいいるけれど、どんどん消えていった。制作会社が何か企画したときに想起されることが重要で、普段から名前を売る、自分の強みをアピールしておく、仕事関係者と飲みに行くなどの人間関係づくりにつとめることが、じつは作曲家にも必要なことで、自分はそうした営業活動ができたから生き残ることができたのだ、とお話しされていました。

三枝さんは国内外でさまざまな賞を受賞し、旭日小綬章や文化功労者顕彰を受けたほどの、日本を代表する作曲家です。

そのような**「レアな能力」を持つ人であっても、その能力を認知させるための営業やセルフブランディング活動をとても重視されている**のが驚きでした。

自ら発信しつづける

「セルフブランディング」の具体的な行動としては、次のようなことが挙げられます。

・SNSなどを活用して、実績などの自分のスキルを証明する情報を発信する
・自分の実績や取り組みを、メディアに取り上げてもらう。広報PR活動をする
・ターゲット層へ影響のある人に、あなたの評判をクチコミしてもらう

特別なノウハウがあるわけではなく、「セルフブランディングをする」というマインドを持って、コツコツとできることをやっていくことが大事です。

SNSについては、大企業は社内ガイドラインなどで禁止している例もありますが、スタートアップは機密情報の流出などにならなければOKというケースが多数ですので、自分の実績を発信することは可能です。

大企業でも、先進的な企業では社員の発信を認めているところも増えつつあります。

ＫＤＤＩはとくに積極的で、中馬和彦さんという新規事業立ち上げの担当者（事業創造本部 副本部長 兼 ビジネス開発部長／ＫＤＤＩ ∞《ムゲン》 Ｌａｂｏ長）は、さまざまなメディアなどで情報発信をしています。
そうして「新規事業に取り組みたい」という企業が中馬さんに集まるという形で、いま「タレント化」しています。

自らの実績を「勉強会」にして発信し、コンテンツ化して「シェア」する

またスタートアップ業界ならではのものとして、**勉強会での発信をしている人はかなりたくさんいます。**

なぜ発信するのかというと、**「自分の名前を売りたいから」というのが最大の目的**と言えるでしょう。

・「どうやって私は１００億円を調達したのか」を話すＣＦＯ

・「どうやって私はリード（見込み客）を100倍に伸ばしたのか」を話すマーケッター
・「どうやって私はツイッターだけで年間20人のAIエンジニア採用に成功したのか」を話すスタートアップ採用担当者
・「どうやって私は大手企業とアライアンス（業務提携）できたのか」を話すスタートアップ事業開発担当者

などの勉強会を開き、そこにスタートアップ業界の人たちが集って、学ぶのです。

そうした**勉強会を繰り返すことで、「〇〇をするならあの人に聞こう、相談しよう」という「個人ブランド」が形成**されていきます。

こうしたセルフブランディングは、実績ができたら、どんどん積極的に行いましょう。

そしてここが大事なところですが、**実績や話したことはコンテンツ化して「シェア」をしましょう。**

おすすめはクリエイター投稿型のメディアプラットフォーム「note」などのツール

でコンテンツ化し、SNSでシェア、拡散することです。

このような取り組みを通じ、**「この人は○○が得意な人だ」とスタートアップ業界内で認識され、仕事で声がかかり、さらに実績を積んで、という好循環**が繰り返されていきます。

先ほどの作曲家の三枝さんの話と通ずるのですが、**どんなに素晴らしい能力や実績があっても、成果につながらない能力は無きに等しいし、知られていないことは存在していないことと同じ**です。

自ら名前を売り込めるということも、立派なスキルなのです。

転職後の働き方 5

「人脈」より「ネットワーク」を広げる

スタートアップでは「人脈」よりも「ネットワーク」が活きる

「スタートアップ村」では、何か困ったことが起きると、その困りごとを解決できる人を見つけ、誰に紹介してもらえると会えるのかを「逆算」して、自分の「ネットワーク」から「社外の知り合い」を探していきます。

たとえば「食料課題を解決したい」と思って昆虫スタートアップを調べていき、「この社長に会いたいな」と思ったら、その社長の名前を検索して、共通の知り合いを探し、その知り合いに連絡して紹介してもらう、という形でつながっていきます。

そのときに、その知り合いは、必ずしも親しい間柄である必要はありません。

図5-3　「人脈」と「ネットワーク」は似て非なるものだ！

人脈		ネットワーク
深く強いつながり	⇔	浅く広いつながり
心理的に近い	⇔	心理的に遠い
損得抜きの関係：いざとなったら助ける関係	⇔	ビジネスライクな関係
新しい刺激は受けにくい	⇔	新しい刺激を受けやすい

「スタートアップ村」で仕事を進めていくにあたり、「ネットワーク」の考え方はとても大事になってきます。

「ネットワーク」と「人脈」とは、似て非なる意味を持っています。

「人脈」とは、深く、強い人間関係のことで、同じ出身地や学校、職場など、密接に濃い時間を過ごして醸成されます。

互いのプライベート事情を知り、仕事の利害関係や損得を抜きに、コミュニケーションができる関係です。自分と似たようなタイプの人が多いため、新しい刺激は受けにくいですが、**心の奥底でわかり合える間柄**です。

他方、**「ネットワーク」とは、浅くて広いつながり**

で、友達と呼ぶほどパーソナルな関係性ではありません。

「一度オンライン打ち合わせで話した」「交流会で名刺交換をした」といった程度でもＯＫです。

しかし、お互いがお互いのことを**「ビジネス上の何者であるか」を知っていて、仕事の相談やお願いができる程度の関係性**はあります。

業界、業種、年齢なども多様で、さまざまな情報を効率よく得ることができ、**新しい刺激を受けやすい間柄**です。


「人脈」は**「ビジネスの大事な資産」**ですし、友人は**「人生の幸せの源」**だと思います。

しかし、個のつながりで仕事をしていく「スタートアップ村」で活躍するという観点からいえば、**「人脈」よりも「ネットワーク」の重要性がより際立ってくる**と言えます。

「ネットワーク理論」
——転職活動には「弱いつながりの人たち」が有益

ソーシャルネットワーク研究において、１９７３年にアメリカのマーク・グラノヴェッターが発表した「弱いつながりの強さ（The Strength of Weak Ties：以下ＳＷＴ理論）」という、有名な**「ネットワーク理論」**があります。

ホワイトカラーの転職成功者を分析したところ、**転職に有益な情報は「つながりの強い人たち（≒人脈）」よりも、普段接触頻度の少ない「つながりの弱い人たち（≒ネットワーク）」からもたらされた**ことがわかりました。

「つながりの強い人たち（≒人脈）」からの情報は、同質的で、情報ソースも近いので既知であることが多いのですが、「つながりの弱い人たち（≒ネットワーク）」からの情報は、普段の交流では得られないような多様なもので、異業種の知見を得られました。

そのため、**転職活動には「人脈」よりも「ネットワーク」のほうが有益**だという理論です。

転職に限らず、これはビジネスでも当てはまります。

先ほど「プロデューサーの時代」という部分でも述べましたが、変化の速いスタートアップでは、自分ですべてをこなすことは難しく、**「誰を知っているか」で成果に差が出ます。**

「Know how」よりも「Know who」なのです。

プロデューサー人材は、キャスティング能力も重要ですので、「浅くても広いつながり（≒ネットワーク）」を持っておくことが大事なのです。

日本特有だと思うのですが、「スタートアップ村」の人たちはＳＮＳの中でもとくにＦａｃｅｂｏｏｋでつながり、ビジネス上のコミュニケーションはＦａｃｅｂｏｏｋ「Ｍｅｓｓｅｎｇｅｒ」経由が中心です。

「スタートアップ村」に入ったら、まずはＦａｃｅｂｏｏｋを「ビジネス仕様」のプロフィールに変更し、取引先から見られてもいいようにしておくことは、結構大事だったりします。

「ビジネス仕様」といっても特段難しいことではありません。具体的には、次のようなことです。

★プロフィール写真：本人の写真や自身とわかる似顔絵、アイコンを使用

ＮＧ例：自身と関係ない写真（ペットや子ども）、アイコンなどを使っている人がいますが、本人特定が難しい写真は避けましょう。

★自己紹介プロフィール：学歴、勤務先を記載。過去勤務先を含めてなるべく詳細に
NG例：経歴無記入や情報がスカスカだと、経歴を出せない事情があるのかと不安になりますので、可能な範囲で経歴、勤務先は記載しましょう。

★投稿：公私関係なくコメント可能。家族とのプライベートも人となりを表すことになり、ポジティブに受け止められることが多い
NG例：ビジネスパートナーとして信用をなくすような言動や行動のアップ。嫉妬や羨望を想起させるような投稿や、他人を否定・攻撃するようなコメントは避ける。飲み歩きや高級品の自慢などは、ビジネス上プラスになることはあまりないので、控えたほうがいいでしょう。

ただ、**SNSプロフィールは今後より重要性を増してくる**と思っています。それは**「個」の時代にあって素の姿や本音を見られる貴重な情報**だからです。

新しく付き合うことになるビジネスパートナーからは、ほぼ間違いなくSNSチェックをされる時代です。

いかにコーポレートサイトのメンバー情報で立派なコメントをしていても、SNSプロ

フィールで言行一致しているかを見られます。「どんな友達がいるのか」「共通の友達はどれくらいか」「どんなコメントをしているのか」などなどです。

「自身がどうありたいか?」というイメージと「SNSでのセルフブランディング」を合致させていくのが重要です。

この「スタートアップ村」の**「困ったことがあれば、お互いに解決できそうな人を紹介しまくる」文化**は、とてもいいものです。

もちろん誰でも紹介してくれるわけではなく、**「ネットワーク」を活かすには、自らがよい仕事をすることが最優先**です。

6 「卒業」のタイミングを見極める

会社を卒業するタイミング

スタートアップで仕事をして何らかの成果を挙げることができたら、その会社でもう一度、自分の居場所を探し直すのか、またどこか別の会社に行くのか。

これに関しても、**自発的に考える必要**があります。

基本的に、**「自分のミッションが終わった」「自分の貢献する場所はもうない」などと感じたら、それは「卒業」のタイミング**と言えます。

そうして出ることは、何ら悪いことでもキャリアの汚点になるわけでもなく、非常にポジティブなことです。

大企業だと、会社を辞めるだけであれこれと言われる場合もありますが、スタートアップはそういうことはまったくありません。

プロフェッショナル人材であれば、たとえば「自分はゼロイチ（0→1）の事業立ち上げが得意だ」とすると、ある会社で「ゼロイチ」をやったら、次の会社に移ってまた「ゼロイチ」をする、ということを繰り返したり、あるいは最終的に自分の会社を起こしたりしています。

日本最大の料理レシピサービス「クックパッド」創業期メンバーの山口豪志さんは、トップセールスとして活躍し、同社の東証マザーズ上場に貢献しました。クックパッドでの「ゼロイチ」経験にやりがいを感じるようになり、創業期のクラウドソーシングサービス「ランサーズ」に3人目の社員として参画。そこでもビジネス開発部部長として「ゼロイチ」を行い、会社の成長に貢献します。

そうして「ゼロイチのスキル」を確立し、エンジェル投資家としてさまざまなスタートアップに投資し、「ゼロイチ」を支援しています。

彼は会社が大きくなったら、まったく関心がなくなるそうですが、それは悪いことではありません。「1→10」に関心がない人が「1→10」を無理やりさせられても、その人にとっても会社にとってもよくないのです。

会社のフェーズとその人のやりたいことが一致していて、そこにその人が貢献している限りは、どんどん転職して構わないと僕は思います。

「ステージクリア」後は、そのプロスキルを活かした道へ

「ゼロイチ（0→1）のプロ」もいれば、**「1→10のプロ」「10→100のプロ」**もいます。

またプライベートエクイティファンドにいる人たちは、１００が50になってしまった企業を、また１００に戻す「プロの再生屋」です。

それぞれのフェーズのプロがいて、それぞれがそのスキルを活かせる場に行くべきだと言えます。

経営者側もドライにスキルを求めているため、たとえば「ＩＰＯをしてほしい」と公認会計士を雇い、実際にＩＰＯを達成したら、「ＩＰＯ後の会社の成長に貢献できるんだったらそのままいてくれていいけれど、もうあまり貢献できないのならば、辞めてもらったほうがいい」と考えます。

ここも、大企業とスタートアップとで大きく異なる点だと言えます。

大企業では、**「ここまでがんばった社員を会社が辞めさせるなんて」**と、労働組合の問題やほかの社員たちの士気に関わる問題へと発展し、大きなハレーションが起きることで

しょう。

しかし、これこそが**「大企業病」とも言える問題点**だと思います。

「かつてＩＰＯに貢献した社内のレジェンド」というような人でも、**ずっと同じ会社に残っていると、その人自身のスキルアップはそれ以上望めなくなっていきます。**

「ところで最近、あの人は何の仕事をしているの？」

「わからないね……」

などと陰口を叩かれる「窓際族おじさん」が社内にたくさん増殖していくのは、このパターンです。

辞めてもらうことは必ずしも冷酷なことではなく、雇いつづけるほうがお互い不幸になるとも言えるでしょう。

採用時の目的を達成した、すなわち**「ステージクリア」をした社員は、その時点でのスキルと実績をもとに、自分で自由にキャリアをつくっていくほうが、息が長い活躍が続けられるはず**なのです。

第6章

急速に増加中！スタートアップ副業のすすめ 7つのポイントと6つの注意点

スタートアップ副業に「向く人」の特徴は？
——副業での決定比率が急速に伸びている

新型コロナウイルスで定着したリモートワークで副業という働き方が一段と広がっています。

スタートアップはミッションドリブン（すべての意思決定や行動がミッションに基づいて行われる）の組織なので、**雇用形態は柔軟**です。**「回転扉」のように人材が出入りする**ことを是とし、必要なタイミングで必要な人材に関わってもらえればいいと考えます。

「社会の役に立ちながらスキルを磨きたい」と考えるプロ人材はスタートアップから需要が高く、「回転扉」のように出入りがスムーズなので、副業参画がしやすいのです。

実際にアマテラス利用のほぼすべてのスタートアップでは**副業人材が活躍**しています。

また、アマテラス内での転職・副業決定者を見ても、**副業での決定比率が急速に伸びて**

図6-1　副業での決定比率が急速に伸びている

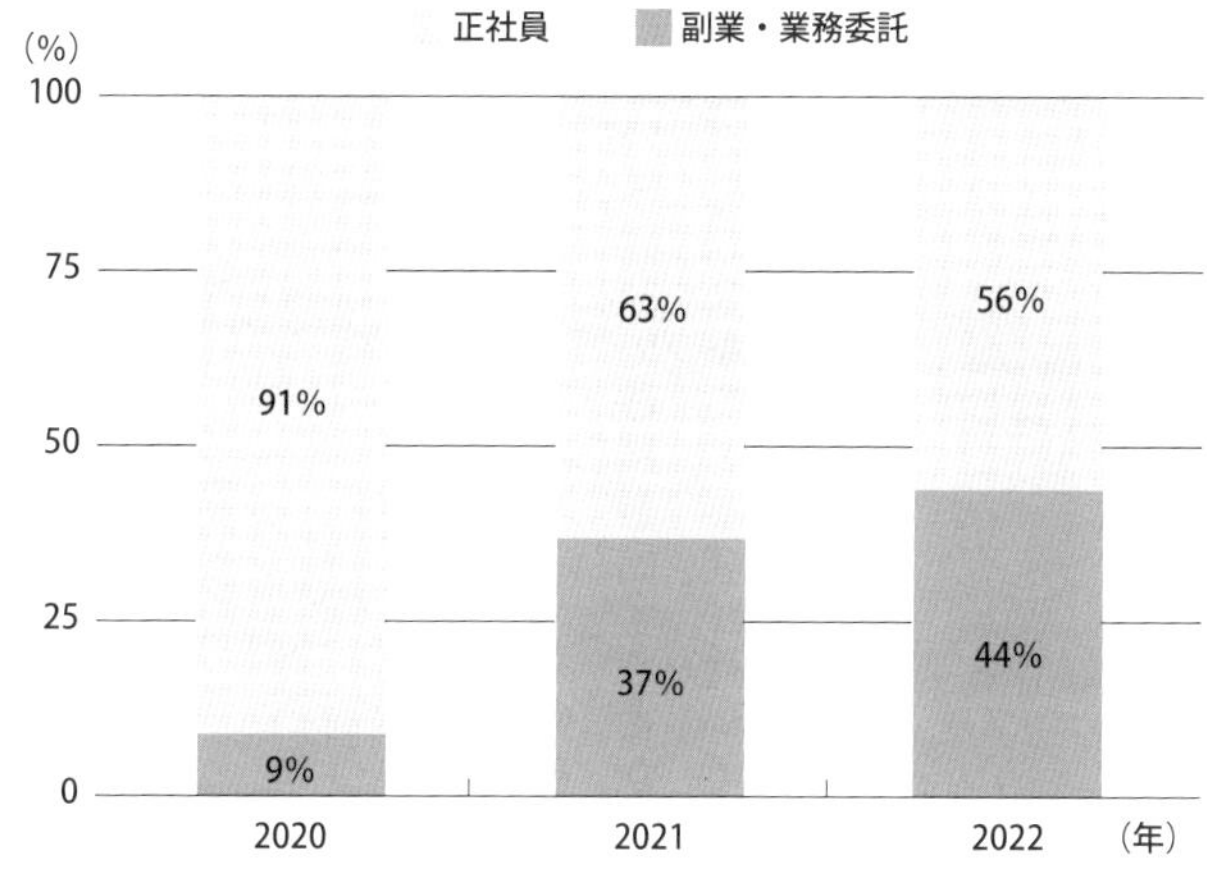

います。

スタートアップがＳｌａｃｋ、Ｎｏｔｉｏｎなどのコミュニケーションツールを活用し、**リモートワーク・副業を前提とした働き方にスピーディに適応したことも要因**です。

とくにマーケター、エンジニア、広報ＰＲ、ＨＲ（人的資源全般に関する業務）などの専門性の高い職種はリモートワークでも成果を出しやすく、スタートアップ界隈で成果を重ねるプロ人材が増えてきました。

成果を出した人材は次々と成長企業から声がかかり、実績をハイペースで積み上げ、タレント化して市場価値を高騰させています。

実際に僕も「この人優秀だな」と思う人に

聞くと、**ほぼ全員が複数のスタートアップから声がかかっていて順番待ちになっている状況**です。

スタートアップ副業をおすすめするのはこんな人

アマテラスがスタートアップ副業をおすすめするのは、次のような人です。

- いまいる会社と心中するつもりはなく、会社の枠を超えて自分の力で生きたい
- いまいる会社で成果を出すことができ、一定のスキルがあると自負している
- ただ、そのスキル・経験が社外で通用するのか不安
- 自分のスキルの陳腐化が不安

アマテラスに登録しているEさんがスタートアップ副業を希望する理由は、次のようなものでした。

- ＩＴ企業で7年ほど法人営業に携わってきた

- それなりに成果を出せるようになり、社内では一定の評価もされて社内昇進の道筋も見えた
- ただ、自分を客観視できなくなり、「自分の営業スタイルは特殊なのでは？」と思い、社外でも通用するのか不安になってきた。オフラインのイベント企画力は自分の強みと思っていたが、コロナ禍であっという間にウェビナーに代替され、社会変化の速さを感じる
- 子どもがまだ小さく、長く働きつづけるためにも「看板のないスタートアップ」で副業して、自身が通用するのか確認したい

この人のように、いまの会社で成果を出し、活躍していながら**「自らのキャリアを正しく怖れ、サバイバルする力をつけていこう」**という人を想定しています。

「スタートアップ副業は超おすすめ」7つの理由

さて、令和時代を生き抜ける「いつでも動ける人材」になるため（≠自身の摩擦係数［μ］を下げるため）に、スタートアップ副業をおすすめする理由を7つお伝えします。

スタートアップ副業がおすすめの理由 1

リアルな自身の市場価値を知れる

素晴らしいスキルがあるのに認識していない「もったいない人」が多い

正社員として長く同じ会社で働いていると、**自分のやってきたことをきちんと言語化できないことが多い**と感じます。

素晴らしいスキルを持っているのに、認識していない「もったいない人」が少なくありません。その結果、「何ができますか？」と聞くと、「部長です」といったように役職で自分を語る人がいます。

しかし、副業としてスタートアップで働くならば、明確な成果を語らなければなりません。**「出せる成果で報酬をもらう」というプロ意識がつく**のが副業をするひとつのメリットです。

また、「成果を出せるスキル」を保有していても、組織や環境が変われば力を発揮できないのでは意味がありませんし、そもそも自身のスキルが陳腐化していれば、成果を出せません。

変化の速いスタートアップで自らをさらすことこそ、**リアルな自身の市場価値を知ることになる**と思います。環境変化耐性が身につき、「アンラーン」スキル（第１章参照）も磨くことができます。

そのような経験を通して、環境を言い訳にせず、どこででも成果を出せるようになれば、怖いものがなくなります。

「人生１００年時代」を生き抜くビジネスパーソンとは、そんな人ではないでしょうか。

同じようなレベルの人と働きつづけると成長曲線は逓減していく

おすすめは、**「看板のないスタートアップ」で成果を出しているプロフェッショナルの近くで働く**ことです。

ロールモデルとなる人と自分の現在地との距離を測ることで、多くの気づきを得ること

図6-2　スタートアップでは「すごい人」と仕事をできるチャンスがある

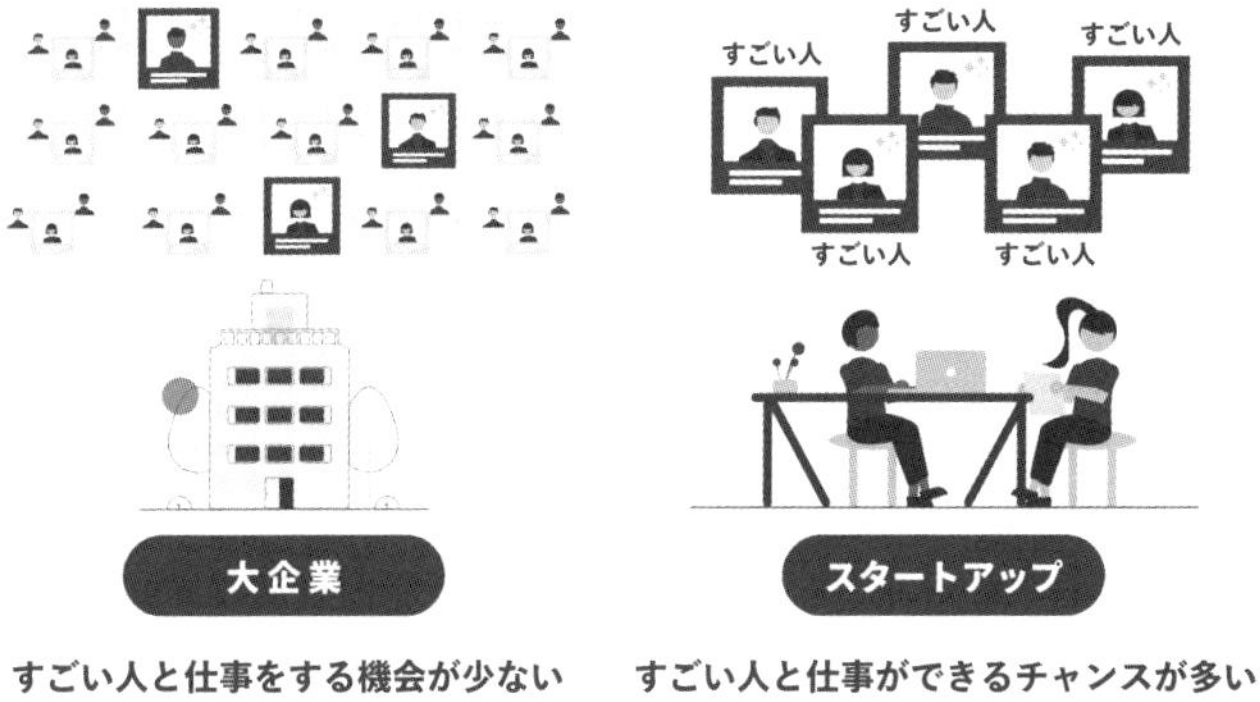

ができます。

有名企業で同じようなレベルの人と働きつづけると成長曲線はやがて逓減していきますし、ゆでガエル的にそれにすら気づかなくなります。

　無名であっても成長中のスタートアップには、大企業やメガベンチャーでエースクラスだった人が参画して活躍していることがよくあります。

　スタートアップは組織が小さい反面、**すごい人の近くで働くチャンスがある**のです。

　スタートアップの副業先でロールモデルになりそうな人を見つけたら、とてもラッキーです。そのような人と看板のない環境で仕事をすることで、真の実力を磨き、己を知ることができます。

大手食品企業でマーケティングの仕事をしていたTさん。
経験を積み、実績を出せるようになっていましたが、「自身のスキルレベルを一流マーケターのものさしで測ってみたい」と考えました。
グローバル飲料メーカーの日本支社長が独立してマーケティング会社を設立したのを知り、「副業で雇ってくれないか」と直接売り込み、見事成功。世界でもトップレベルのマーケターの直下で働く機会を手に入れました。
副業で働く中で大きなやりがいを感じ、その後、正社員として参画しました。

こうした機会を得るためには、シリアルアントレプレナー（連続起業家）のＳＮＳをフォローするのもおすすめです。

「新しい会社を立ち上げたので仲間募集！」
「すごい人の起業にエンジェル投資したので、参画してくれる人募集！」

といった書き込みを見つけたら、副業のビッグチャンスです。

「副業募集」と書いてなくても問題ありません。**創業間もないスタートアップほど、副業歓迎のことが多い**です。

スタートアップ副業がおすすめの理由 2

自分がいまいる会社の市場評価も知れる

「自分の市場価値を知りたい」と思うのと同様に、**「自分がいまいる会社は市場でどう判断されているのか」を知ることもとても大切**です。

正社員として自身の貴重な時間を投資する場所ですから、それに値する場所なのかを見誤ると、どんなに才能があって努力をしても、市場では評価されません。市場で評価されないと、転職が難しい人材になってしまいます。

自分の会社を知るいい方法は、**外に出て、違う会社の空気を吸ってみる**ことです。

属性が近い人が入社し、朝から晩まで一緒に働き、社内結婚するようなカイシャ・コミュニティで過ごしていたら、**一般社会とは視点や考えがズレてきます。**

スキルがある人なら、業種をまたいだ副業も可能

とはいえ、そのために転職するのは難しいでしょう。しかし、副業ならそのハードルがぐっと低くなります。**スキルがある人であれば、業種をまたいだ副業も可能**です。

スタートアップはそもそも多くが転職組・副業組のよそ者の集まりなので、そこで出会う仲間を通じて社外の実態を知る機会を得られます。

また、同じ金融業界内の法人営業ひとつとっても、銀行と証券では、営業スタイルが異なります。業界を超えるとさらに違いが大きくなり、金融業界・エンタメ業界・医療業界の営業手法はまったく異なります。

これからは異業種参入が加速してくるでしょう。

ＧＡＦＡ（Ｇｏｏｇｌｅ・Ａｐｐｌｅ・Ｆａｃｅｂｏｏｋ〔Ｍｅｔａ〕・Ａｍａｚｏｎ）があらゆる産業の脅威になる現実を、ここ10年で私たちはたくさん見てきました。

社内にばかり目を向けるのではなく、**大局観の中で「カイシャ」を捉える**ことが求められます。

スタートアップ副業がおすすめの理由 3 再現性があるゼロイチスキルを磨ける

ゼロイチスキルは「再現性があるスキル」

- 技術革新の加速に伴い産業寿命が短期化
- 人の健康寿命が延伸。「人生１００年時代」に
- コロナによって社会変化が加速

といった要因から、アフターコロナ社会では企業の新陳代謝が加速し、**事業の0→1（ゼロイチ：事業立ち上げ）ができるビジネスパーソンの需要が増してくる**でしょう。**ゼロイチスキルは「再現性があるスキル」**なので、業種をまたいでもポータブルに活躍できます。

ゼロイチスキルを磨くなら、大企業よりスタートアップです。

大企業とスタートアップでは仕事の進め方も大きく違いますが、登山にたとえて説明します。

〈大企業〉
- すでに誰かが登頂したことがあり、誰でも登れるように舗装された山道が準備されている
- 求められるのは、定められたマニュアルに従って登るフォロワーシップ

〔スタートアップ〕
・目指す登頂は決まっているものの、誰も登ったことがなく登り方がわからない
・求められるのは、登頂にコミットし、登り方を自ら考え、自ら問題解決する人材

令和で生き残れるのは、「道なき道」を歩み、自分のやり方で結果を出せる創造的な人材です。

言われたとおりに行動するだけでは、ＡＩや給与が低い人、若い人に代替可能で、市場価値は上がりません。

あなたが**どこかでゼロイチを成功させた経験があれば、それを求めるスタートアップにその経験を（副業で）売り込んでみましょう。**

スタートアップからすれば、未経験の社員だけでゼロイチをするよりも、経験した人に任せたほうが失敗確率を大きく減らせるので、興味を持つはずです。

特定領域のゼロイチを何度も経験することで成功確率を高めていければ、その分野で起業をすることも可能になるでしょう。

図6-3　「舗装された道」がある大企業と「道なき道」を歩むスタートアップ

リクルート出身者がスタートアップ界で大活躍しているのは、ゼロイチ経験があり、「洗練されたゼロイチスキル」にまで磨き込まれているからだと思います。

いまいる会社でゼロイチ経験を積めた人は幸運だと思います。でも、それを一度きりの経験とするのはもったいないと思います。

その経験が旬なうちに**「再現性のあるレベル」まで磨き込むことで、あなたの専門性と市場価値がぐっと上がります。**

「ゼロイチスキルを磨くならリクルートに入るのが近道」と言われてきましたが、スタートアップ副業というオプションもあります。

アマテラスがお付き合いしている先端スター

トアップではゼロイチ機会が溢れています。

Mさんは、以前在籍していた会社の事業をサブスクリプション型の課金体系に移行し、いわゆるB2B SaaSビジネスモデルに変換することに成功。Mさんはこの経験を活かし、スタートアップでサブスクへのモデル変換を請け負うプロ人材としてスキルを磨き、市場価値を上げています。

Column

スタートアップでは「失敗経験がある人材」が求められる

ゼロイチスキルがある人材と同様に求められるのが**「失敗経験がある人材」**です。シリコンバレーでは**「失敗経験がない人はチャレンジしたことがないとして評価されない」**と言われていることは第1章でも書きましたが、日本のスタートアップ界でも失敗経験を評価する傾向があると感じます。

とくに先端領域のスタートアップでは、その領域自体が立ち上げ途上で、成功者がまだ誰もいないということがよくあります。

この場合、求められるのは**「その領域の失敗経験者」**です。**「ファーストペンギン」（新しい分野へ最初に飛び込む人）として派手に失敗した人ほど、高く評価**されたりします。

雇う側からすれば、失敗経験者を雇うことで同じ失敗を避けられます。

また、失敗を怖れずチャレンジした人（＝ファーストペンギン）をリスペクトする文化がスタートアップにあるので、**「勇敢なチャレンジャー」**として迎え入れられます。

ひと昔前のＡＩスタートアップの事業開発人材は、まさにそうでした。

当時はＡＩ事業そのものが認知されておらず、多くのＡＩ事業はＰｏＣ（概念実証）の壁に跳ね返されてきました。

しかし、そのような人材は会社が潰れたり解雇されても、**さらに給与アップして別のＡＩスタートアップから声がかかります。「レアな失敗経験」には価値がつく**のです。

いまいる会社で「レアな失敗経験」を積むことができたなら、悲観することはありません。**「貴重な経験をした」**とポジティブに発想し、それを評価してくれそうなカイシャを探し、副業として試すのは面白いと思います。

スタートアップ副業がおすすめの理由 4 本業での自信を取り戻せる

「人に感謝される」「社外でも通用する」と実感できる

いまの勤務先での自らの成長を感じなくなったり、自分の価値がわからなくなったりすることもあるかと思います。

そんなときに、スタートアップ副業で成果を出し、

- **人に感謝される**
- **自分が培ってきたスキルは社外でも通用する**
- **自分は存在価値がある**

と実感することで、自信を取り戻すことがあります。

大手出版社で編集の仕事をしてきた50代のDさんは、管理職になり編集よりもマネジメントがメインになり、行き詰まりを感じていました。

年収も役職も上がったものの、**「編集者として誰かの役に立ちたい」**という気持ちがくすぶっていました。

そんな折、Dさんに某ネットメディアスタートアップからコンテンツ立ち上げの副業を打診されます。

「編集や記事作成はわかるが、ネットメディアはわからない」と答えると、「ネット

メディアに詳しいメンバーがサポートするから大丈夫。むしろ編集や記事作成のスキルこそが大事なんだ」と言われました。

その後、見事ネットメディアの立ち上げに成功。**自身のスキル・経験が若いスタートアップの役に立ち、深く感謝されたことをきっかけに、本業にも意味を見出す**ことができました。

Dさんは元気を取り戻し、ポジティブに本業に取り組んでいます。

副業を通じてできた新しいネットワークも、Dさんにいい影響を与えているようです。

スタートアップ副業がおすすめの理由 5

「転職リスク」を減らせる

本当の状況は、中に入らないとわからない

転職したいスタートアップがあるなら、まずは副業から関わってみるのもおすすめです。

スタートアップの本当の状況は、中に入らないとわかりません。

「入ってみたものの失敗だった」という事態は避けたいので、リスクヘッジとして副業は有効です。

転職失敗となった場合、人にもよりますが、**退職準備、次の転職活動期間、新しい会社での適応期間、メンタルケアなどを含めると、1〜3年ほどキャリアをロスするイメージ**です。

とくに、**エリートキャリアの人ほど、スタートアップ転職失敗のダメージは大きい**ようです。

これまで「優秀」と言われつづけ、さしたる失敗をしてこなかっただけに、転職失敗で心に大きな傷を負うことは理解できます。

アマテラスサイトで、エリートキャリアの人がはじめてのスタートアップ転職をして鳴り物入りで入社したにもかかわらず、振るわずに短期でクビになり、数年ひきこもってしまったというケースもありました。

3カ月も副業すれば、カルチャーを理解できる

私の感覚では、**スタートアップで副業として3カ月も働けば、会社のカルチャーを理解できます**。勘のいい人なら、1カ月ほどで充分でしょう。

小さい組織ですし、数カ月も働けば社長の振る舞いを間近で見て「人間としての相性」は確認できます。

企業の意思決定プロセスに関わり、働きたい会社かどうかを見極めることもできるでしょう。**副業期間中に「この会社は合わない」と感じたら、義務を果たしたうえで契約を延長しなければいいだけ**です。

スタートアップを目利きするのに、「時間」は重要な要素です。

「投資すべきか悩んだときは、焦って投資せずに『時間』に頼る。『時間』は本質をあぶり出してくれる。社長が言行一致しているか、ぶれない人か、逃げない人か。こういうことは『時間』が教えてくれるんだよ」

僕も、ベテランのベンチャーキャピタリストからいただいたアドバイスを金言として記憶しています。

スタートアップ副業がおすすめの理由 6

個人に「信用」と「情報」が蓄積していく

会社員はなかなか個人に「信用」が蓄積していかない

スタートアップ副業のよさのひとつに、**個人に「信用」と「情報」が蓄積していく**ことがあります。

「会社員」として仕事をしている限りは、どんなにいい仕事をしていても「〇〇会社の〇〇さん」というカイシャのカンバンの域をなかなか出ません。

他方、副業を通じて個人の実績を積み上げていくことで、**「あの仕事なら〇〇さん」**という評判ができ、個人としてのネットワークが広がります。

「会社員」と「個人」の信用ストックに違いが現れるのは、「起業・独立」したときです。会社員としてそれなりに実績を残していたが、独立した途端にこれまでの取引先から仕事が来なくなった、ということがよくあります。

私がいまの会社、アマテラスを起業した際、お世話になった経営者からこう言われました。

「藤岡君、起業したら、**最初に取引先がなくなる。次に友達と思っていた人がいなくなる。そして、お金がなくなっていく。**辛いけど、がんばって」

そして、見事にそのとおりになりました。

会社員時代のお客さんに起業の挨拶とともに仕事を依頼すると、**「それは○○社にいたからお願いできていた。できたばかりの会社には頼めない」**と言われてしまいました。

よく一緒に飲んでいた大手金融企業の部長に「飲みに行こう」と連絡すると、返事すら来ませんでした。

新規営業先のベンチャー社長からは「ただの新興人材会社だろ、ガタガタ言わずにいい

図6-4　「あなた個人」に信用と情報が集まっていますか？

人材紹介しろよ！」と業者扱いされたときには、カンバンがなくなった辛さを肌身に感じました。

そうしているうちにお金も減っていきました……。

起業してみて、「カイシャ」という傘が思っていたよりも大きなモノだったと認識しました。

副業を通じて個人の名前で仕事をするメリット

しかし、**副業で実績を出している人が起業すると、とてもスムーズ**です。

大企業勤務の傍らでスタートアップ副業を経て起業したSさんはこう言います。

「起業後、順調に事業拡大できたのは、**副業を通じて個人の名前で仕事をしてきた**から。すでに『自分』というカンバンに信用があり、情報が集まるようになっていたので、仕事もとれた」

副業で仕事をしていると、半分起業しているようなものです。副業が軌道に乗ったところでブースターである本業の会社を切り離しても、スムーズに加速していきます。

スタートアップ副業がおすすめの理由 7

CxOとのネットワーキングが加速し、「転職偏差値」が上がる

スタートアップ副業は経営陣と直接プロジェクトを進めることが多く、**CxOクラスとのネットワーキングが加速**します。

「おいしいポスト」はキーパーソンネットワークによってもたらされる

第5章で「スタートアップでは『人脈』よりも『ネットワーク』が活きる」という点について述べましたが、CxO、VCなどのスタートアップエコシステムに関わる人たちは、SNSを通じて緩いネットワークができています。

本業を通じてそのネットワークに入ることが困難でも、副業という手段を通じて、よりつながりやすくなります。

スタートアップでは、人材採用時に**「リファラル（紹介、推薦）採用」**と呼ばれる、自社の社員から友人や知人などを紹介してもらう手法を優先的に使っています。

自社社員からの紹介ですので、人材紹介会社を介するよりもコストが抑えられ、しかもミスマッチが少ないからです。

まだ表に出てない魅力的なポストに声がかかるのは、リファラルの段階でキーパーソンに第一想起されるネットワークに入れているかどうかにかかっています。

令和では「おいしいポスト」は転職エージェントではなく、キーパーソンネットワークによってもたらされるのです。

このネットワークに入るために必要なのは、スタートアップでいい仕事をすることです。スタートアップで副業をすることによってCxOクラスとつながり、スタートアップのキーパーソンとのネットワーキングを加速することで、仕事が舞い込むチャンスが広がります。

「副業案件の選び方」7つのポイント

ここまでは、スタートアップでの副業を勧める理由を中心にお伝えしましたが、ここからは、実際にどうやってスタートアップ副業先を選ぶかなどの注意点をお伝えします。

副業案件の選び方

1 時間と場所をコントロールできる仕事を選ぶ

あなたのキャリアは自分がハンドルを握る

副業選びでは**「時間と場所をコントロールできる仕事」**を選ぶことがとても大事になってきます。

移動時間や無駄な打ち合わせをなくすなど、働き方を自分でコントロールすることで、パフォーマンスも変わってきます。空いた時間ができればさらに副業先を増やすことができ、成長速度を加速できます。

「あなたのキャリアは自身がハンドルを握る」という意識を持ち、**最小の時間で目的を達成できるような副業先を選ぶ**ことを心掛けてください。

副業はカイシャの都合でいつ切られてしまうかわかりません。
だからこそ、**個人側も「機会を活用する」という考えを持つべき**だと思います。

副業案件の選び方

2 CEOと話が進められる案件を選ぶ

CEOと直接話をする2つのメリット

CEOと直接話をするメリットは、次の2つです。

- コミュニケーションコストの最小化
- 副業なのにコアメンバーとして仕事ができること

スタートアップですから、変化も多く軌道修正することは少なくありません。

決定権のない人が間に入ると「調整コスト」が生じ、少なからずパフォーマンスに影響が生じます。

逆に、意思決定者であるＣＥＯと直接コミュニケーションして話を進めることで、ミスコミュニケーションや無駄なアイドリングタイムを減らすことができます。

副業は時間を自分でコントロールすることが大事ですので、**ＣＥＯと直接話ができる指揮・報告系統になっている案件**を選ぶことがおすすめです。

また、スタートアップは常に新しい課題が発生するので、ＣＥＯの近くにいることで新たな重要課題に気づく現場に居合わせることができます。

そして、決まったことを受けるだけでなく、「決める場に入っていて、そこで自分の意見を出して、共に創り出していく状態にする」ことで、**副業なのにコアメンバーになっていける**のです。

3 自身の売れるスキル・経験と企業の経営課題がマッチする案件を選ぶ

スタートアップで副業人材が求められる背景にあるのは、**「経営的に重要で専門性も求められるものの、カイシャの都合で正社員を雇うのは難しいポジション」**であることです。

そのため、あなた自身の売れるスキルや経験が、スタートアップ側にとって重要な経営課題とフィットすればするほど、「相対的」にあなた自身の価値は増大します。

「救世主」のような形で迎え入れられることも

経営陣がどうしてよいかわからずにほとほと困っている、そんな状況を解決できる人は「救世主」のような形で迎え入れられるでしょう。

経営イシューに直結する特命プロジェクトを選ぶことでＣＥＯ、経営陣とのコミュニケーション機会が担保されますし、責任は重いですが仕事のやりがいを感じられると思います。

アーリーステージのスタートアップほど、ケイパビリティ（組織的な能力）不足でできないことが多く、経営者直下の特命プロジェクトばかりですから、副業で自分のスキルと市場価値を向上させる機会の宝庫だと言えます。

プロジェクトを丸ごと任せてくれるような案件は、小さなスタートアップから探すのがいいでしょう。

【特命プロジェクト事例】
・新規事業立ち上げＰＪ：ゼロイチ（0→1）人材不足で生じる
・大企業とのアライアンスＰＪ：大企業をドライブできるＰＪリーダー不足で生じる
・顧客データ分析ＰＪ：データ分析スキル不足で生じる
・ＩＰＯ準備チーム立ち上げ：管理部門人材不足で生じる

4 「自分とかぶる人がいない会社」を選ぶ

「経営者直下の特命プロジェクト」に限らず、副業先選びでは「相対的な自身の価値」という概念はとても重要です。

社内に同スキルを持つ人がいれば、自分の価値は相対的に下がる

192ページで転職時に「キャラかぶりは避ける」べきだと述べたように、**難しい仕事をこなすスキルがあっても、社内に同じスキルを持つ人がいれば、その価値は相対的に下がります。**

逆に、じつはさほどすごいスキルでなくとも、同じスキルを持つ人が社内におらず、かつ需要が高い場合は、そのスキルの価値が局地的に増大化されます。

参画する前にＣＥＯ含め既存社員の経歴を確認し、**自分が「相対的に」価値あるレアキャラになれる会社かどうかを確認したうえで、副業先を選ぶ**といいでしょう。

たとえば、カスタマーサクセス（ＣＳ）を始めたけれどＣＳの組織づくりや事業拡大を経験したＣＳマネジャーがいないというカイシャにとって、ＣＳマネジャーとして組織拡大を経験した人材の価値が高くなります。

盲点となりがちなのが、ＣＥＯとキャラかぶりすることです。

ＣＥＯが得意な領域だが、忙しくてできないことから副業人材に任せることがあります。しかし、実際に働いてみると、**存分に暴れるつもりが、ＣＥＯが細かに口を出してきた**……という話もよく聞きます。

言い換えれば、ＣＥＯにとってまったくわからない領域でしっかりと成果を出すと、超がつく高評価をもらえることが少なくありません。

ＣＥＯのアウェイ領域で困っている仕事を副業として選ぶことも、ひとつのポイントです。

5 「ディレクション型の仕事」を請け負う。「労働集約型の業務」は請け負わない

依頼者（スタートアップ）からすれば、**プロである副業人材の価値は、自社ではできないことを解決するノウハウを持っている**ことです。

「ほかの人でもできる業務は、ほかの人に任せる」という割り切りを持ち、**あなたが価値を出せることだけにフォーカスし、最小の時間で顧客が満足する仕事をする**よう心掛けましょう。

「ディレクションだけ」する形で受けるのがスマート

具体的には、**価値あるノウハウを活かして「ディレクションだけ」するようなミッションを切り出して副業として受ける**のがスマートです。

時間と場所をコントロールできる案件を選ぶことが、あなたの市場価値を上げていくこ

とになるので、ほかの人でもできる作業やリサーチなど労働集約的な業務（作業）は請け負わず、社内スタッフをアシスタントにつけてもらうか、別途雇っていただくかをお願いしたほうがいいでしょう。

会社のやり方がすでにあり、マニュアルどおりにやればいい「ヘッドカウント（頭数）の仕事」ではあなたの市場価値は上がりません。それは、**ジュニア人材が仕事を覚えるためにやる仕事か時間の切り売りをするような働き方**です。

とはいえ、アーリーステージのスタートアップだと、ディレクションだけというわけにはいかないこともあります。

しかし、**「基本的には、作業はしない」というスタンスを雇い主と共有する**ことをおすすめします。

「これはしません」と、したくないことは「したくない」と主張しましょう。

捻出した時間を別の副業先に使ったほうがあなたのためであり、社会のためになります。

6 未来のテーマや次代をリードする領域を選ぶ

とくに20代後半から30代前半の方におすすめなのは、**未来のテーマや次代をリードする可能性ある事業領域での副業参画**です。

産業としてまだ確立されていないので、経験者がおらず、求める人材像も固まっていないため、「若さ」が評価されてポテンシャル採用されることがあります。

新産業こそ、学ぶ意欲のある若者に有利

新産業分野ゆえに既存ルールもなければ、業界のレジェンドもいないので、若くてもがんばれば業界のリーダー的存在になれる可能性があります。

新産業こそ、学ぶ意欲ある若者に有利です。

> 成長が見込まれる産業の一例：AI（人工知能）、量子コンピューティング、ブロックチェーン、クライメートテック（気象テック）、フードテックなど

他方、**若い人が成熟産業に副業参画すると、困難に直面することが多い**と感じます。

そこには長年の経験を積んできたドンや功労者がおり、短期間で彼らの経験値を超えることは容易ではありません。また、仕事を奪う「ディスラプター（破壊者）」として警戒する人もいますし、業界特有のルールがあなたを縛ります。

根回しやウェットな人間関係構築が必要な世界は、副業・リモートワークの苦手分野です。

副業参画という限られた時間で成果創出するには難しい環境だと思われます。

> 成熟産業の一例：卸業界全般（飲食、アパレル、美容、医療など）、テレビ・ラジオをメインに扱うメディア業界・代理店など

7 「シリコンバレーで伸びているが、日本では未確立な業界」を狙う

シリコンバレーの5〜10年後が日本の現状？

シリコンバレーで成長した産業が、日本では5〜10年遅れて成長しているのが現状です。最近でいえばＥｄＴｅｃｈ（Education Technology）や、ＨＲＴｅｃｈ（Human Resources Technology）などがそうです。

金融などの規制産業は当てはめづらいですが、規制が少ない産業であれば、シリコンバレーで成長している産業を狙ってみるのはよいでしょう。

ＣＢ Ｉｎｓｉｇｈｔｓ、Ｆｏｒｂｅｓ、ＴｅｃｈＣｒｕｎｃｈといった米国発の有料情報サービス、経済メディアなどからシリコンバレー情報、できれば生の情報を見るのがおすすめ

です。

「スタートアップ副業の注意点」6つのポイント

多くのスタートアップ副業事例を見てきましたが、ミスマッチになってしまったり、失敗してしまったりすることも少なくありません。

「転ばぬ先の杖」として、実際にスタートアップ副業をする際の注意点をお伝えします。

スタートアップ副業の注意点 1

「プロであること、成果を出すことがMUST」と心得る

副業採用でミスマッチも増大していることにも触れたいと思います。

スタートアップに副業で採用されるということは、「即戦力の助っ人プロ採用」という

図6-5　年間300万円以上稼ぐ副業者の副業を始めたきっかけ

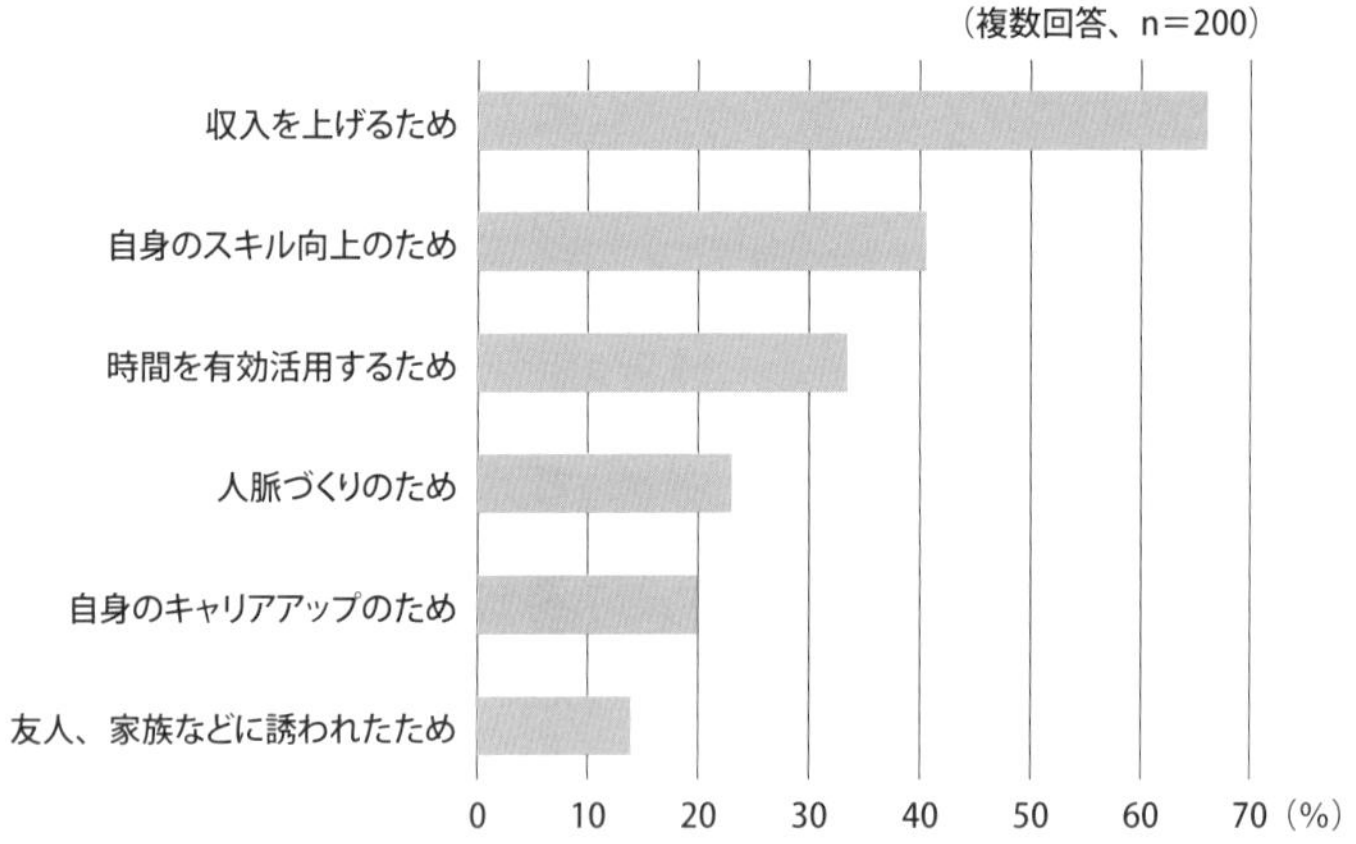

注：対象は副業収入が年間300万円以上の人
出所：パーソルキャリア「HiPro」「副業年収実態調査」2022年9月29日のアンケートをもとにアマテラス作成

ことです。

しかし、とくに新卒で大企業に入社した30歳前後の方に多くみられるのですが、**スタートアップを「学校」のように勘違いしている人がいます。**

スキルが曖昧なビジネスパーソンが「スタートアップで働けば市場価値が高まるのではないか」と思い、「経験を積むため」に副業するケースです。

私は図6-5のアンケート結果に危惧を感じました。

「自身のスキル向上のため」が2番目に来ているからです。実際、「修業希望のアマチュア」と面談したスタートアップから、**「スタートアップは学**

校ではない。勘弁してほしい」という声を多くいただいています。

副業参画は「成果を出せるプロ」になってから

「成果を出せるスキル」がない中で知見・視野を広げたいなら、勉強会やセミナーでお願いします。

「副業参画をするのは『成果を出せるプロ』になってからにしてください」と、雇い主の声を代弁して伝えたいと思います。

スタートアップは日々戦いのさなかにあり、社員にスキル獲得や友達をつくってもらうために事業をしているわけではありません。**貢献した人が「結果として」スキルの幅や見識を広げ、仲間・報酬を得られる場である**ということを認識していただきたいと思います。

まだ「成果を出せるスキル」がないのであれば、**いまいる環境で「成果が出せるレベル」まで技を磨くか、育成余力のある会社で技を磨く努力をすべき**だと思います。

2 副業のベストタイミングは「自分が最も旬なとき」

Ｊリーガーは「自分史上最高のパフォーマンス」を出したときに憧れの海外移籍を進めます。

「得点王」「アシスト王」「ＭＶＰ」という結果を伴ったときが最も高く自分が売れるし、いい話が来るからです。

キャリアの上昇気流に乗るベストタイミングは？

副業人材もそれに近く、**仕事で最高のパフォーマンスを出したときこそ、希望するジョブを獲得し、キャリアの上昇気流に乗るベストタイミング**です。

社運を賭けた提携を成功させた経営企画、会社を上場させたＣＦＯ、新規事業を立ち上げ、軌道に乗せた事業責任者などが、それに当たるでしょう。

ただ、たしかに「ステップアップ転職する最高のタイミング」でもあるのですが、「社内での居心地もよく、希望するプロジェクトや仕事に取り組めるチャンスなので転職するのはもったいない」と思う人もいるでしょう。

そこで副業というオプションがおすすめなのです。

採用企業からすれば、**「旬なスキル・実績を伴った人」**を採用することで実績の再現が期待できますし、そのような人が参画することで成長に向けた前向きな空気が社内に醸成されます。

ただし、**同業他社での業務については、現職のルールなども確認し、慎重に行うべき**です。

影響がない異業種での副業であれば、ネガティブな影響は軽微です。

お世話になった人との関係なども考慮したうえで、副業先を選んでください。

スタートアップ
副業の注意点
3

「収入」を増やすためではなく、「収入チャネル」を増やすという考え方がおすすめ

スタートアップでの副業に際して、高い報酬を求めて値段交渉する人を時々見かけますが、収入増が目的であれば、もっと規模の大きな会社やメガベンチャーをターゲットにしたほうがいいと思います。

未来の「収入チャネル」を増やすという意識を

僕は、スタートアップ副業をする意義は**「目先の収入」よりも、人生１００年時代を生き抜くために未来の「収入チャネル」を増やす**ことにあり、そういう考え方がおすすめです。

スタートアップで働く方に常にお伝えしているのは、**「お金は、あとからついてくる」**という考え方です。

副業での「収入チャネルを増やす」メリットのひとつとして、**「本業に対する心の余裕」が生まれてチャレンジできるようになる**ことがあります。

収入チャネルが本業だけだと、それにとらわれて「失敗してはいけない」「いまの地位を失いたくない」という気持ちが強くなり、「本業での新しいチャレンジ」が難しくなります。

しかし、副業での収入チャネルが増えてくると、本業で失敗したとしても**「ほかの道がある」という心の余裕**が生まれます。

その結果、本業でチャレンジできるようになり、**「守りの人生」から自身を解放できる**のです。

4 「成果を出せるからネットワークが構築できる」と心得る

ネットワークの重要性を第5章（228ページ）で述べましたが、**副業をすればネットワークが広がるのではなく、プロとしていい仕事をすることでネットワークが広がる**と心得ましょう。

いいパフォーマンスが示せれば人材ネットワークに加わり、副業チャネルを広げることができます。

しかしながら、期待を下回るパフォーマンスしか出せなければ、ネットワークから外されていくことになります。とくにスタートアップは狭い村ですので、気をつけてください。

スタートアップ副業の注意点 5

「ゴール」と「やらないこと」を明確にし、書面に明記する

副業は短期プロジェクトですので、寄り道する暇はありません。

「ゴール」のイメージと「やらないこと」を明確にし、**「○○年○月にこの状況にする」ということを書面に明記する**ことが重要です。

自らにプレッシャーをかけることにもなりますが、それはプロとして覚悟すべきことです。そして、「やらないこと」を明記することで自身を守ることができます。

おすすめは、**「契約業務以外については別途料金が発生する」と記載する**ことです。

よくあることとして、次のようなことが起こります。

・CEOや社員が副業人材にいろいろなことを相談して、事業に巻き込む
・その結果、副業人材の本来のミッションが達成できなくなる

・結果が出なかったことを責められる

スタートアップとはいえ「日本企業のメンバーシップ型雇用の文化」が残っており、**本来の職務以外でもお願いされることがあるので要注意**です。

そのためにも、最初の契約はとても重要になりますので、ご承知おきください。

スタートアップ副業の注意点 6 「人脈資産の切り売りだけの仕事」は受けない

あなたの持っている人脈・ネットワークにアプローチしたいだけの企業も時々います。

しかし、**人脈資産を使うときには「何のためにスタートアップ副業をしているのか」を改めて確認**しましょう。

人脈・ネットワークは貴重な資産ですから、すり減らしてはいけません。

「貴重な資産を使うことが合理的でない」と判断するのであれば、そのような仕事は断りましょう。

「無料副業」もある！ 戦略的リスキリングする方法

新たなスキルを身につける**「リスキリング」（学び直し）**が注目されています。

社会人になってから新たに「成果を出せるスキル」を身につけるのは容易ではありませんが、**「無料副業」**という方法があります。

報酬はないけど経験を積めるという「無料副業」の人気が高まっています。

どうしてもいまの社内では希望するスキル獲得が難しいということであれば、外に向けて行動を起こしてみましょう。

僕の知人Ｓさんも、実際に「無料副業」をテコにキャリアアップしました。

ＳさんはＩＴ企業で、ウェブマーケティングを活用した「集客」の仕事に携わっていました。「将来は地方創生に関わる仕事をしたい」と考えているものの、いまの仕事は地方創生とはまったく関係のないものでした。

そこで地方創生に関する「無料副業」を始めたのです。

はじめは山梨県の某自治体の、観光客を増やすためのマーケティングをする「無料副業」に参加しました。

報酬はゼロなのに何百人もの人が応募してきて、受かるのは3〜4人という人気ぶりでしたが、Ｓさんはウェブ集客のスキルを買われて採用されました。

Ｓさんはこの副業を通して、地方創生に関わる仲間とのネットワークを広げていきます。１年後には一定の成果を出すことができ、自分のキャリアに「地方創生マーケター」という「タグ付け」ができるようになりました。

すると、そこで得たネットワークを通じ、「北海道の某自治体の集客プロジェクトに有償で参画しないか？」と声をかけられたのです。

こうしてプロジェクト経験を積み重ねて、Ｓさんは地方創生人材としてリスキリングに成功しました。

そうした**「無料副業」をいろいろと手掛け、「成果を出せるスキル」としてリスキリングしていけば、スタートアップ転職時にアピールできる武器になる**でしょう。

また自分のスキルを社外にさらけ出してみることで、自分の客観的な評価を知ることもできます。

こうした戦略的な行動をとることで、自分のスキルを「売れる形」に育てていくことは可能です。

その副業ではお金をもらえなくても、自分の市場価値が高まるような経験ができるのであれば、やってみる価値はあるでしょう。

「人生100年」という長距離レース。転ばぬ先の杖としての「副業のすすめ」

国内で「45歳定年制」が話題になりましたが、カイシャが従業員を守りつづけるのはもはや限界です。

「人生100年」という長距離レースを戦う私たちは、カイシャに安定を求めるのではなく、自らを安定させる時代です。

1社のみに属していると、そのカイシャにとらわれて保守的になってしまいます。本業のカイシャで思うようなキャリアを歩めないのであれば、**「副業先でその経験を積めるようセーフティネットを敷いておく」**という発想が求められます。

そして、セーフティネットは1枚よりも2枚、3枚と多いほうが安全です。**複数の副業先を確保しておくことで、キャリアが断絶するリスクを減らす**ことができますし、「いざというときに副業を本業に置き換える」という備えにもなります。

たとえば、いまいる会社でマーケティング畑でのキャリアを一貫して歩んできた人が、45歳になりカイシャ都合で管理部門に回されてしまっても、副業先でマーケティングスキルを活かした仕事ができていれば、キャリアを断絶させるリスクを回避できます。

また、自身のスキルがＡＩなどのテクノロジーで陳腐化しても、「無料副業」などで戦

図6-6　複数の副業先を確保すると「最高のセーフティネット」になる

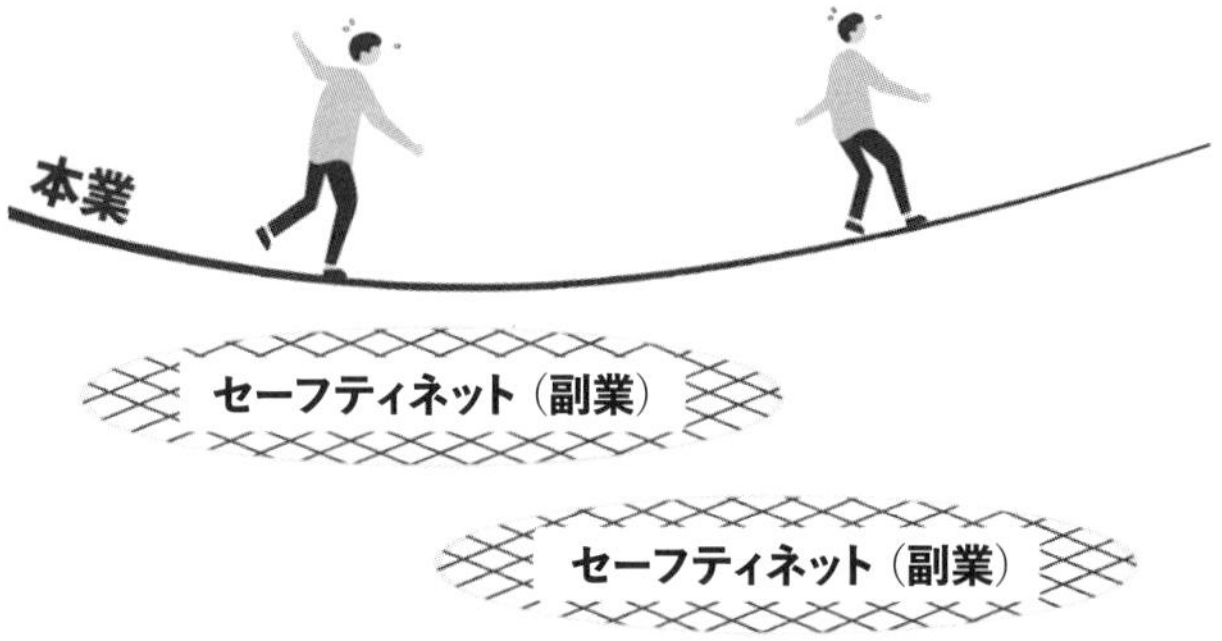

略的リスキリングをしておくことで、スムーズにキャリアシフトしていくことができます。

定年や肩たたきにあってから新しいことをしようとしても、摩擦係数が大きく心理的負担も膨大です。

バリバリと成果を出しているキャリアハイのときこそ副業を始めるベストタイミングなのです。

実際に**本業で所得が高い人ほど、副業の所得が高い傾向**があります。

そして本業の専門性が高いほどリスキリング、ネットワーク構築など「染み出し」がスムーズに進みます。

かくいう僕も、アマテラスのオウンドメディアのＣＥＯインタビュー記事閲覧数の高まりを受けて、ＣＥＯをより魅力的に撮影しようと、ズブの素人からカメラスクールに通い、いまはプロレベルのクラスでカメラの腕を磨いています。

キャリアが垂直的だったこれまでは、60歳までにどこまで出世の階段を上れたかが成功の指標でした。

これからは**60歳以降に持続可能な仕事がどれだけあるか**がビジネスパーソンの成功の指標になってくるのではないでしょうか。

人生という耐久レース、転ばぬ先の杖として、**声がかかるうちに副業をしておく**ことをおすすめします。

第7章

スタートアップの経営者、人事担当者の方へ「いい人材」を採用するために

経営者の最重要任務は「採用」

ここまでスタートアップ転職を希望する人に向けて、スタートアップで働く心構えや就職活動のポイントなどをお伝えしてきました。

本章のみターゲットが変わり、スタートアップの経営者や人事担当者の方たちへ向けた内容となります。

Ｇｏｏｇｌｅの元会長エリック・シュミットさんは、著書『How Google Works 私たちの働き方とマネジメント』（土方奈美訳、日本経済新聞出版社）で、

「経営者の場合、『あなたの仕事のうち一番重要なものは？』という問いへの正解は『採用』だ」

と書いています。

世界的大企業ですら、採用をこれほど重視しているわけで、知名度のないスタートアップ企業は、さらに必死になって採用をがんばらないといけません。

スタートアップの事業の成長は、ひとえに採用にかかっています。

なぜなら、スタートアップにはミッションや目的があり、その実現に必要な課題を解決することで成長していくことになりますが、その解決を行うのは人にしかできないからです。

ＡＩやシステムは、解決手法が確立されれば使うことができますが、「問いを立て、解決のために仮説を構築してＰＤＣＡを回していく」ことまではできません。

よって、**目的や問題意識を共有し、その解決のためのスキル・能力・経験がある人を採用することが大事**になります。

採用での注意点

1 「ヒト軸」ではなく「イシュー軸」で採用すべき

「採用で解決するイシュー」を明確にすべし

しかし、どうすれば「いい人材」が採用できるのか、どんな採用活動をすべきなのか、認識不足のスタートアップも数多く見受けられます。

典型的な失敗例は、「ヒト軸」に陥り、「どんな属性の人を採用するか」、学歴や年齢、いまの勤務先の規模、転職回数などから考えはじめてしまうことです。

「マーク・ザッカーバーグ（Ｆａｃｅｂｏｏｋ創業ＣＥＯ）のような天才エンジニアはいませんか？」

「地頭がよくて、30代前半で、自走できる人がいい」

などといった相談がアマテラスにもよく来ますが、このような探し方は正しくありません。

スタートアップは、「ヒト軸」採用ではなく「イシュー軸」採用をすべきです。

そのため、「これから採用に本腰を入れて取り組もう」というスタートアップがまずすべきことは**「採用で解決する『イシュー』を明確にする」**ことです。

そのうえで、**「その『イシュー』を解決するには、どんなスキル、実績、経験、スタンスを持った人が必要か」を定義し、採用活動を行う**のです。

言葉にすると簡単なようですが、これができていない企業が多いのが実情です。

マーク・ザッカーバーグのようなアイデア力と技術力を兼ね備えた天才エンジニアは、世の中にそうそういるわけがありません。

しかし、「ユーザーを拡大するためにiOSアプリ開発が必要であり、その経験やスキルがある人材」であれば、探せばいる可能性があるわけですから、イシューを明確にして、求めるスキルを具体的にすべきです。

スタートアップは「学歴」より「実績・スキル」で採用すべき

日本の大企業の場合は、

「向こう5年間で1000人くらいが定年退職をするから補充しないと」

「20代と30代の社員が少ないから増やしたいな」

くらいのざっくりな「ヒト軸採用」も行いますが、これは**「誰がやってもある程度、仕事が回る仕組み」ができているからこそ可能な採用手法**です。

マニュアルがすでにあり、このマニュアルどおりに動く人が何人いればいいとなると、マニュアルの習得率も高くミスもしない高学歴人材をとっておけば間違いないわけですが、スタートアップはまだマニュアルができていない段階です。

また、急成長が求められるスタートアップは、大企業のように高学歴人材を採用して「10年後に戦力になってください」と待つ時間も余裕もありません。

だからこそ、学歴よりスキルや経験、つまり「ヒト軸」よりも「イシュー軸」で採用すべきであり、スタートアップにとって採用こそが最重要事項なのです。

採用での注意点 2

「採用すべき人」を見極めるポイントと優先順位

「採用すべき人」を見極めるポイント

採用すべき人物の見極め方として、優先順位は次のとおりになります。

①「イシューを解決できるスキル」があるかどうか？

（実績があるか？／再現性があるか？）

②社のビジョンに共感できそうか？

（やりたいこととビジョンとが一致しているか？／解決したい課題が社と一致しているか？）

③社員たちとの相性はよさそうか？

（会社の多様性ポリシーと合っているか？／ありたい組織構造とフィットしているか？）

①と②については、これまでの章で繰り返してきたことなので割愛します。③については、組織全体とのバランスを考えながら見極めてください。

「組織は20人になったときに宿命づけられる」

と、アメリカのベンチャーキャピタリストであるベン・ホロウィッツは、著書『WHO YOU ARE　君の真の言葉と行動こそが困難を生き抜くチームをつくる』（浅枝大志、関美和訳、日経ＢＰ）の中で書いています。

会社の気風や気質という「企業文化」は、20人、すなわちスタートアップでいうところのミドルフェーズ以上くらいになると形づくられるのです。

これと同様に、

「男性（女性）だらけの組織になると、女性（男性）が採れなくなる」

「20代だらけの組織だと、40代がフィットしなくなる」

「営業マンだらけの組織だと、エンジニア組織に移行できなくなる」なども考えられるため、早いうちから組織全体のバランスを意識してください。

> たとえば、ロボットベンチャーのZ社は「外国人比率50％以上」を意識して組織づくりをしています。
>
> 同社はグローバルな成長を目指していて、一度でも日本人だらけの組織になると、そこから外国人が採れなくなってしまうので、社員10名程度のときから社内公用語を英語にし、国籍バランスを意識して採用をしています。

「カルチャーフィット」よりも「カルチャープラス」を意識する

よく、スタートアップから「カルチャーフィットする人材を採用するためには、どうすればよいですか？」と聞かれますが、僕は**「カルチャーフィット」よりも「カルチャープラス」という考えが大事**だと思っています。

「うちはこういう考え方だから」あるいは「こういう経歴の人をとるべき」などと自社のカルチャーに固執しすぎると、同質的な考え方を持った人たちの集まりになってしまい、変化対応力に欠けた組織になってしまいます。

レガシーな日系大企業は人材を「企業文化に染め上げる」ことが得意ですが、カルチャーフィットを意識しすぎると、「金太郎飴」的な組織になっていくのではないでしょうか。

スタートアップは、環境変化する中においても「最短」で「ゴールに到達」することを求められる集合体です。

自社を「スタートアップ」だと認識する経営者にアドバイスするならば、**「既存社員が持ち合わせていない、『ゴール到達』に役立つ考え方や経験を持った人」**を積極採用する「カルチャープラス」の考え方がおすすめだということです。

その人材が社のビジョンへ共感していることは前提ですが、ビジョンを実現するアプローチは、多様であっていいと思います。

スタートアップの世界では、ゲームチェンジャーがあらわれて大きな戦略変更を余儀なくされることがよくありますが、そんなとき、同質的な思考回路、バックグラウンドの人ばかりでは変化対応に「遅れ」が生じ、この世界では命取りになってしまいます。

「カルチャープラス」は、組織に新しい風を入れつづけて停滞・硬直化を防ぎ、進化スピードを速めるという考え方です。

実際にＧＡＦＡをはじめとした世界のエクセレントカンパニーは、「多様性（diversity）」を成長の原動力にしています。

採用での注意点 3

「社長」で選んでもらうための3ステップ

資金力のないスタートアップが、メガベンチャー・大企業とのタレント獲得競争に勝てる要素は「社長」

よくスタートアップの採用担当者から、

「メガベンチャーや大企業との採用競合に負けてしまうのですが、どうすればいいのでしょうか?」

という相談を受けます。

会社の「格」で比較される戦いに持ち込まれると、スタートアップがメガベンチャーや大企業に勝てる理由は、ほとんどありません。

「会社」ではなく「社長」で選ばれる。

そんな採用戦線に持ち込むのが、スタートアップの勝ち筋です。

「会社は小さいけれど、好きな社長だから、このスタートアップで働きたい」

最後はこのように入社を決断してもらうよう、採用手法を確立させていけば、内定承諾率はぐっと上がります。

このための対応策としては、次の3つのステップがあります。

STEP1 スタートアップ志望の人とだけ選考を進める

そもそも大手企業や外資系、メガベンチャーを受けている人は、最初からスタートアップに行くつもりがない可能性が高いです。

採用プロセス初期の段階（一次面接時）で、来てほしい人に出会えたら、**「なぜあなたはスタートアップを志望しているのか?」をしっかり確認**しましょう。

その人の転職先決定の軸が、会社規模や待遇であれば、そもそもスタートアップがメガベンチャーや大企業と戦っても勝ち目がありません。

ビジョンへの共感やミッションドリブンで転職活動をしていない人は、仮に採用できても長続きしないことが多いので、早めの見切りが必要です。

STEP2 「創業社長」カードを最大限使う。社長の3〜5割の時間を採用に使う

その候補者（キャンディデート）が、ビジョンへの共感やミッションドリブンで転職活動をしている、ということであれば、タレント獲得競争の勝利のポイントは会社規模や待遇ではなく、**「どれだけ自社のビジョンに共感してもらえるか」**という点になってきます。

では、ビジョンに共感してもらうためには、誰が語るのが最も効果的でしょうか？

それは**「創業社長」**です。

社のビジョンの語り手として、これ以上の人はいません。

メガベンチャーや大企業では、社長がひとりの採用に割ける時間は限られています。

だからこそ、スタートアップは創業社長の時間を最大限採用に使う。これで採用の勝率が上がることは、間違いありません。

図7-1　スタートアップだからこそ採用でできることがある

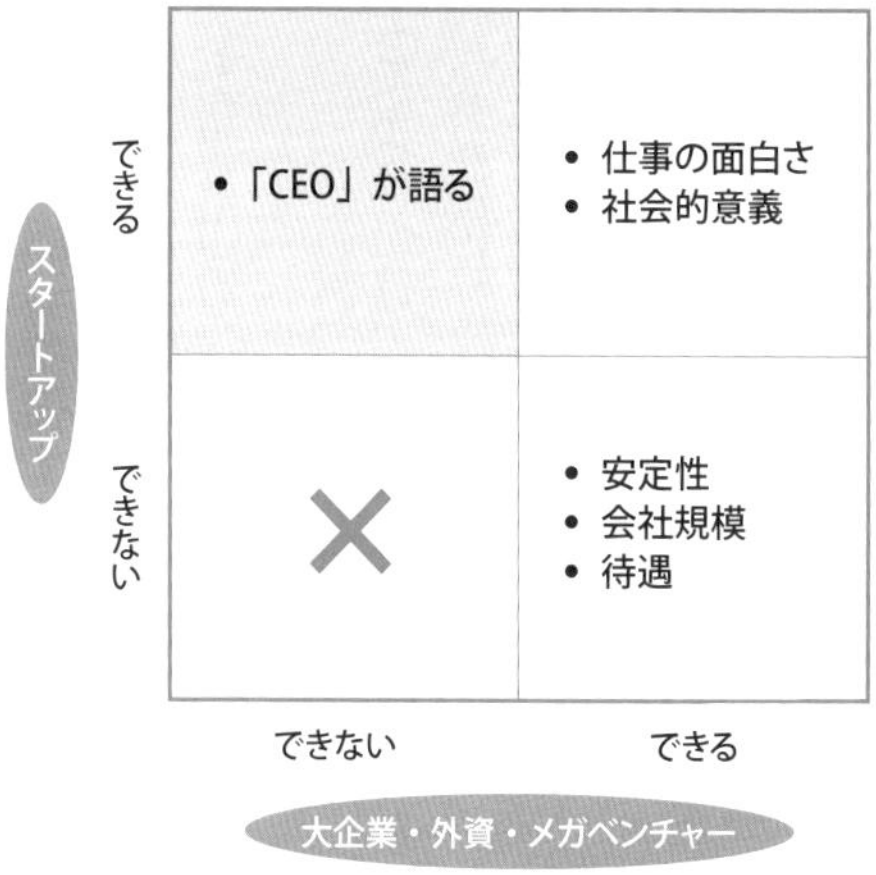

社長が「採用ファースト」を社内外に掲げ、目安としては**社長の労働時間の最低3割、できれば5割を、採用に確保できるかどうかがポイント**です。

スタートアップにはできて、メガベンチャーや大企業ではできないこと、この**一点突破に勝負を賭ける「ランチェスター戦略」が、スタートアップならではの採用戦線における戦い方**なのです。

STEP3 「自分のことを一番わかっている社長」になる

「社長」の時間を確保することができたら、採用戦略は80%成功したと言えるでしょう。なぜなら、スタートアップ創業者は想いが強く、ほとんどの場合、放っておいてもビジョンを語り出す存在だからです。

ここで1点だけ、社長に注意してもらいたいのは、**候補者・応募者の話を「聞き入れる」**という姿勢を持つことです。創業社長は語ると止まらなくなり、人の話を聞かない、ということがよくあるからです。

候補者の心理としては、

A「ここの『社長』は自分のことを一番わかってくれている」（承認欲求が満たされた）

↓

B「好きな『社長』だからこの会社で働きたい」

図7-2 「好きな社長」「自分のことを一番わかってくれる社長」になれたら、採用につながる確率はぐんと上がる

という流れになることで、待遇のよさや会社の格ではなく、「あなた」の会社で働く理由ができるのです。

大事なことなので、もう一度伝えます。

スタートアップ社長のみなさん、候補者や応募者の話を深く「聞き入れて」、時間をかけて心を通わせてください。**彼ら彼女らにとって「自分のことを一番わかってくれた社長」になる**ことです。

それが、**スタートアップ採用の「王道」**だとアマテラスは考えています。

採用での注意点 4

採用にあたって必要な4つの具体的アクション

採用に必要な4つの具体的アクションは？

採用にあたって必要な具体的アクションは、次のとおりです。

①自社採用ページをつくる

ビジョンを言語化して掲載します。

「事業を通じて社会をどうしていきたいのか」「○○社とは何なのか？」などを書くのです。

応募を検討する人から必ず見られるサイトなので、ここは優先度を下げずに取り組んでほしいと思います。

②CEOの想いをコンテンツ化する

こちらも必ずホームページに掲載しましょう。

ＣＥＯの想いは、応募者にとても有効に働きます。

先ほどお伝えしたように、スタートアップが資金力のあるメガベンチャーや大企業とのタレント獲得競争に勝つ要因は、創業社長の想いとビジョンです。

社長の言葉で、「なぜ起業したのか？」「事業を通じて社会をどう変えていきたいのか？」「どんな仲間と働きたいのか？」「この会社で働く魅力」などを伝えましょう。

スタートアップは規模が小さいため、社長の近くで働けるのは大きな魅力のひとつです。

「この社長と一緒に働きたい！」

そう思ってもらえるコンテンツにするよう心掛けましょう。

また、応募者の家族や友達などにも「この社長、いいじゃない」と好反応を得られれば、それは応募者の背中を後押しし、オファーを承諾してもらうのに効果的なものとなります。

実際、アマテラスが運営するメディア「ＣＥＯインタビュー」は、内定承諾率の向上に最も効果を発揮しています。

図7-3 アマテラスが運営する「CEOインタビュー」

③「社員のストーリー」「社員対談」をコンテンツ化する

転職活動を進める中で、応募する人には「社員と馴染めるかどうか」という不安があります。

そのような不安を少しでも取り除くためにも、社員を起点としたコンテンツも、ホームページにぜひ載せておきたいところです。

このようなコンテンツを用意することで、応募する人には「会社のリアルな内部」をイメージしやすくなります。

図7-4 自社の採用ページに載せたいコンテンツ

なぜここの社員たちは、数ある会社の中からここを選んだのか？

- 社員インタビュー
- 年齢分布、男女比、正社員・業務委託・副業の比率など

入社後の充実度

- やりがいを感じるとき、成長を感じるとき、会社の好きなところ

社風は？

- 社員同士の対談トークなどを通じて、本音や雰囲気を伝える

働く様子や１日のスケジュールは？

- オフィス風景や、典型的な１日のスケジュール例

④求める人材にどうアプローチするのか、採用戦略を考える

採用にあたり、やみくもに手あたり次第アクションを起こして人材を探すのではなく、きちんと戦略を立ててから動きましょう。

先述の「どんな人材を求めるのか？」から始まり、

「求める人材はどこにいるのか？」
「どうしたら会えるのか？」

を考えていきます。

手法としては、**SNS採用などの「ダイレクトソーシング」や、リファラル（紹介・推薦）採用**を検討しましょう。

また「面談後にどうやって口説くのか？」も考えます。組織としてどの順番で面談するのか、などです。

ただし、**必ず最後はＣＥＯが直接面談する**ようにしてください。

採用での注意点 5

採用での「3つの課題」をどう克服するか

「①自社採用ページをつくる」と「②ＣＥＯの想いをコンテンツ化する」は、最低限必要なものなので、採用にのぞむすべての企業が一律で対応すべき事柄です。

「③社員のストーリー／社員対談をコンテンツ化する」も、可能な限り対応してほしいと思います。

一方で「④求める人材にどうアプローチするのか、採用戦略を考える」の段階については、一律に対策をするというよりも、企業の感じている課題ごとに個別の対策を打っていくことになります。

課題には3つのフェーズがあります。

「（そもそもいい人材に）会えない」

「（会えても）口説けない」

「（採用しても）定着しない」


この3つです。

経営者がこれらの採用課題を、正しく把握していないことが非常に多いのです。

まずは「自社がどの課題フェーズにいるのか」を考えてみてください。

「会えない」スタートアップは「ダイレクトソーシング」でスカウトすべし

最も多いのは**「会えない」**という悩みです。

これまでお会いしたスタートアップ企業の約8割が、この段階で悩んでいました。

スタートアップの社長は魅力的な人が多いので、会うことができれば、かなりの確率で口説けます。しかし、「会えない」のでは口説きようがありません。

「会えない理由」について聞いてみると、8〜9割の社長は、「人材紹介エージェントに、いい人を紹介するよう言っているんだけど連れて来ない」などと言います。**とりあえず人材紹介エージェントに丸投げしているだけで、自らの努力が足りない**のです。

「では、あなたが人材紹介エージェントの立場だとして、あなたの会社にいい人材を連れてくる理由って何ですか？」と聞くと、「そういえば、ないですね」と答えます。

「もしマーク・ザッカーバーグクラスのエンジニアがいたら、人材紹介エージェントはメルカリに連れていきますよ」と言うと、「本当ですか！」と驚かれます。

人材紹介エージェントは「報酬ファースト」で動きますから、資金潤沢な大企業や、メルカリのようなメガベンチャー並みの報酬を出せないスタートアップは、太刀打ちできないのです。

優秀なエンジニアは、基本的に転職市場に出ず、ネットワークの中で転職していく

そこで、スタートアップに必要なのが**「ダイレクトソーシング」**という手法です。**知られていない会社は、存在していない会社と同じ**です。待っていたって、無名スタートアップに優秀な人が来るわけはないのだから、自分から採りにいくのです。

いまは「ダイレクトソーシング」のためのサービスがたくさん登場し、細分化されています。アマテラスもそのひとつです。

求める人材はその中のどこにいそうか、「ＬｉｎｋｅｄＩｎ」や「ビズリーチ」などのダイレクトソーシングサービスから厳選し、社長や採用担当者が一定の時間を費やして積極的にスカウトしていきます。

ダイレクトソーシングのひとりあたりの採用コストは、おおよそ30万〜１５０万円ほどとなります。

人材紹介エージェント経由でマネジメント人材を採用すると、ひとりあたり約２５０万〜４５０万円かかるので、大幅な採用コスト削減が見込めます。

たとえば**優秀なエンジニアは、基本的に転職市場に出てくることはなく、ネットワーク**

の中で転職していきます。

そのため、優秀なエンジニアを採用したければ、エンジニア勉強会などのコミュニティに接触する必要があります。

そこに自分たちの知り合いがいないか探す、ツイッターなどのＳＮＳで、コミュニティ関係者にたどり着くよう関わりのありそうな人に拡散してもらう、自らエンジニア勉強会に参加してみるなど、求める人材をいろいろな方法で探していくのです。

採用での注意点 6 採用がうまくいくスタートアップの特徴

採用がうまくいっているスタートアップの特徴は？

会社の規模や資金、フェーズごとに違ってきますが、とくに「シード／アーリー期」フェーズのスタートアップが採用を成功させるには、繰り返しになりますが、社長自身が採用にしっかりと時間を割くことが大切です。

そしてＰＤＣＡサイクルを回し、効果的な採用手法を見つけていくのです。

先述のとおり、採用には社長の労働時間の3～5割を費やすべきですし、「採用ファースト」と本気で言っているのであれば、5割以上の時間を採用のために使いましょう。

実際のところ、**採用に本気の社長は、スケジュールが面談や採用イベントなどでびっしりと埋まっている**ものです。

急成長のフィンテックスタートアップのY社長は、採用活動に非常に熱心です。

Y社長のスケジュールを見せてもらうと、時間の5割近くを「リクルーティング」という枠で埋めていて、**「これが自分の大事な仕事です」**と断言されていました。

ＬｉｎｋｅｄＩｎなどのダイレクトソーシングをメインに、スカウトをコツコツと行っていました。

続けているうちに確率がわかってきたそうで、Y社長の場合、50人をスカウトすると10人に会える（20％の返信率）、10人に会えば2人口説ける（20％のクロージング率）と言っていました。

こうした「採用の勝ちパターン」を確立できれば、あとは必要な採用人数に合わせて、スカウト時間を確保するのです。

たとえばY社長なら、3人採用したければ75通のスカウトメールを送り、15人との面談を行うということです。まず75通のスカウトを送るのに必要な約5時間を確保する、これが最初に実行することなのです。

第3章で紹介した「RevComm」の會田武史代表取締役は、TechCrunch主催のスタートアップバトルで優勝するなど、いまはすっかり有名スタートアップですが、無名時代は自分自身で会社の知名度を上げようと、同社のサービス名「MiiTel」と書かれたショッキングブルーのド派手なTシャツを着て、平日も土日も渋谷の街を歩いていました。

アドトラックが繁華街を走りサービス名を印象づけるように、「一度見たら忘れない」形でサービス名を浸透させようとしていました。

會田社長と二人で代官山のお洒落な焼肉屋に行ったときも、彼はそのド派手なTシャツで登場し、一緒にいた僕がちょっと恥ずかしいほどでしたが、逆にいえば、**社長にこれくらいのやる気がなければスタートアップの採用は難しい**ということです。

「リファラル採用」のすすめ

「ダイレクトソーシング」と並行して行うべきなのが**「リファラル採用」**です。

「リファラル」という言葉が出てきたのは最近ですが、要は昔から行われてきた**「社員の友人や知人を紹介してもらい、採用する」**ことです。

お金もかからず、社員の紹介なので人となりや能力も一定程度把握できており、変な辞め方はしないだろうということで、会社側のメリットが多い手法です。

どの社もまずは「リファラル採用」からスタートしています。

紹介してくれた社員には、1万〜30万円程度の報酬を出す会社が多いです。

社員にとって一定のインセンティブとなりますし、**人材紹介エージェントに数百万円払**

うことに比べれば、安いものです。

A級プレーヤーを採用すれば、その人が違うA級プレーヤーを連れてくる

また、営業組織について科学的に書かれている『THE MODEL マーケティング・インサイドセールス・営業・カスタマーサクセスの共業プロセス』（福田康隆著、翔泳社）の一節に、次のような記載があります（一部省略）。


A級プレーヤーを集めることの意味。

A級プレーヤーを採用すればその人はA級プレーヤーを連れてくる。

B級プレーヤーを採用すれば、その人は自分より劣るB・C級を呼んでくる。

A級プレーヤーは素晴らしい人材同士で働く楽しさ、やりがい、高揚感などを知っている。だからこそA級プレーヤーを呼び込んでくれる。そのとき会社は雪だるま式に大きくなっていく。

だからこそ、雪だるまの核となる最初の10名はその後の会社の将来を決める。

数多くの採用を見てきた僕も、**この法則は本当に起こっている**と思います。

社員になんとなくリファラル採用を任せていると、気がつけば組織がダウングレードしているということも少なくありません。

よくある失敗として、採用コストを抑えるために学生インターンの「リファラル採用」を続けた結果、未熟な若者ばかりの組織になって、ハイタレント層のビジネスパーソンから選ばれない会社になってしまうケースが見受けられます。

「リファラル採用」で会社のアップグレードに成功している企業は、次のようなルールを設けています。

・自分より優秀な人を紹介すること
・自分たちにはない価値あるスキル・経験を有する人を紹介すること

会社のA級プレーヤーであるトップや経営幹部が、率先してA級プレーヤーを連れてくることが、会社の将来を決めます。

実際に何％ほどもらえる？ ストックオプションの相場を公開！

ストックオプションの相場は？

ストックオプションについては、序章で概要を説明しました。

では、「実際に何％ほどもらえるのか」が気になるところだと思います。

企業フェーズごとのストックオプションの目安を、日本におけるストックオプションの権威「プルータス・コンサルティング」の協力を得て調査しました。

スタートアップ入社時に付与されるストックオプション相場（ひとりあたり）は、次のようになります。

参考：企業フェーズごとのストックオプション付与比率（1人あたり）

	シード／アーリー	ミドル シリーズA	レーター シリーズB	レーター シリーズC	レーター シリーズD
ヤプリ	発行なし	0.06%	0.12%	発行なし	発行なし
ウェルスナビ	発行なし	0.16%	0.14%	0.05%	0.13%
スタメン	発行なし	0.08%	発行なし	発行なし	発行なし
クリーマ	2.06%	0.77%	0.16%	発行なし	発行なし
ニューラルポケット	0.90%	0.65%	0.19%	発行なし	発行なし
KIYOラーニング	0.33%	0.13%	0.12%	発行なし	発行なし
グッドパッチ	発行なし	0.73%	発行なし	0.06%	発行なし
フィーチャ	発行なし	発行なし	0.03%	発行なし	発行なし
ビザスク	7.53%	0.16%	発行なし	発行なし	発行なし
Retty	発行なし	0.72%	0.49%	0.08%	0.05%
Sun Asterisk	2.00%	発行なし	発行なし	発行なし	発行なし
Branding Engineer	0.18%	1.65%	発行なし	発行なし	発行なし
Macbee Planet	0.28%	発行なし	発行なし	発行なし	発行なし
Kids Smile Holdings	0.47%	発行なし	発行なし	発行なし	発行なし
平均	1.72%	0.51%	0.18%	0.06%	0.09%

シード／アーリー期：約1〜2％
シリーズA（ミドル期）：約0・5％
シリーズB（レーター期）：約0・2％
シリーズC以降（レーター期）：0・1％以下

これは２０２０年にＩＰＯ（新規株式公開）したスタートアップのストックオプション付与実績と、アマテラスで転職した人の入社時オファー内容をもとに、プルータス社の意見を踏まえ、総合的に算出したものです。

・①ストックオプション（ＳＯ）を3回以上発行している、②ＳＯ比率が8〜15％程度、③創業10年以内、④アマテラス取引企業を中心に次世代をリードする業種、という視点から対象企業を選定
・社外協力者などへのＳＯ付与は、集計対象から除外した
・企業フェーズについては、次のように定義して判断した
シード／アーリー期：原則、初の外部資金調達
ミドル期（シリーズA）：原則、株価が変化しており、調達後企業評価額5億円以上

レーター期（シリーズB以降のシリーズ上昇）：原則、シリーズA以降のラウンドを対象。対象ラウンドの調達前企業評価額と、前回ラウンドの調達後企業評価額の変化率が20％以上

ただし、給与と同様に、ストックオプションも「あとからついてくる」というのがアマテラスの考え方です。

入社時にストックオプション交渉をする人がいますが、これはスマートではありません。スタートアップは貢献してくれた社員に対し、「ボーナス代わりにストックオプションを出す」ということもよく行っていますので、**貢献できることを証明してから、社内メンバーが納得のうえでストックオプションをもらったほうがいい**のです。

入社時にストックオプションについて確認すべき点は、

「入社後にストックオプションを付与される可能性はあるのかないのか」

「ストックオプションを付与するのはどのようなときか」

の2点くらいにとどめておきましょう。

VC、エンジェルとは、どう付き合えばいい？見極め方＆実績のあるリストはこれだ！

転職先探しに迷ったら、実績あるキャピタリストの投資先から会社選びをしてみる

いざスタートアップに転職しようと思い、ネット検索をすると、膨大なスタートアップ企業の情報が出てきます。２０２０〜２０２２年の３年間で資金調達をした国内スタートアップ数だけでも、約７５００社もあります。

その一方で、先述のとおり、**日本のスタートアップ生存率は起業してから10年で約5％という、厳しい現実**があります。自分で転職先の会社を選ぶのは、困難を極めます。

そのとき、確かなトラックレコード（過去の投資における収益実績）があるＶＣやエンジェル投資家の投資先から、有望な転職先を選ぶというのは、有効な手段です。

なぜＶＣやエンジェルの投資先から転職先を選ぶのがおすすめなのか。その理由を説明

する前に、ＶＣやエンジェルについて、ここで少し詳しく説明します。

「ベンチャーキャピタル（ＶＣ）」「エンジェル投資家」の役割は？

改めて説明すると、ベンチャーキャピタル（ＶＣ）とは、**機関投資家や企業から預かった資金を未上場企業に投資し、対価として株式を取得し、イグジット（上場もしくは売却）時にキャピタルゲイン（資産を売却することによって得られる利益）を得る投資会社**です。

また、エンジェル投資家（エンジェル、ＡＮＧＥＬ）とは、**創業間もない起業家に資金を提供する個人投資家**を指します。エンジェルの多くは、かつてＩＰＯ（新規株式公開）をした起業家で、その個人マネーで後進のスタートアップに投資をしている人たちです。

ＶＣやエンジェルの主な役割は、スタートアップに成長資金を投資することがメインですが、営業支援、顧客紹介、採用支援、広報支援、起業家のメンタリングなど、スタートアップが成長するためのあらゆる支援を行います。

投資先がイグジットしなければＶＣやエンジェルも大損してしまうので、「スタートアップを成長させる」という点において、ＶＣやエンジェルはスタートアップ経営者やメンバーと同じ方向を向いて動く**「運命共同体」**なのです。

基本的にスタートアップは、「こういう商品をつくりたい」「こういうサービスを広めたい」と思って起業した段階で、イグジットまで考えている場合がほとんどで、僕の感覚では、その割合は９割以上にのぼります。

儲けなければ企業として大きく成長できないし、やりたいことを世の中に広めることもできないからです。

イグジット自体が目的でない場合は多いのですが、スタートアップ経営者としては、**「どうせ成長するんだったら、ＩＰＯでイグジットすることは通過点として必要だよね」「最短スピードで成長するには、ＶＣやエンジェルから資金調達したほうがいいよね」**という感覚です。

以前、僕が参加したスタートアップ経営者向けセミナーで、ＧＭＯインターネットグループの熊谷正寿代表が、

「**『ビジネス＝戦（いくさ）』**と考えよ。ビジネスは商売という人がいるが、戦。負け

たら終わり。戦である以上は早く終わらせるのがよい。スピードは重要」と話していましたが、まさにそのとおりです。**スタートアップは資金に限りがあるので、最短でイグジットまで到達することが重要**です。

最短で目的地に到達するには、経験あるガイド（道先案内人）と、資金や人材という燃料（経営資源）が必要ですが、それを解決してくれるのが、ＶＣやエンジェルなのです。

経験豊かなＶＣは「山岳ガイド」のような存在

経験豊かなＶＣは、たとえるなら**「山岳ガイド」**のような存在です。

山岳ガイドは、自身が専門とする山を何度も登頂したことがあるため、挑戦者がどこでどのようにつまずき、どう乗り越えていけばよいのかを熟知しています。

起業からイグジットするまでの流れを何度も伴走したことがあるＶＣも同様で、起業家が最短でゴールに到達できるように、つまずく前に適切なコーチングを行い、タイムリーに経営資源（資金や人材など）を提供し、目的達成まで伴走します。

VCは得意とする専門領域を持っていることが多く、「ＳａａＳ領域に知見があるＶＣ」「ディープテックに知見があるＶＣ」「シードステージの立ち上げに知見のあるＶＣ」など、さまざまです。

また、自ら起業しイグジットした経験があるエンジェルは、経営者の気持ちがわかりますので、精神的に不安定になりがちな経営者のメンタルケアまでできる重要なパートナーになっていくことが多いです。

多くの起業家にとってスタートアップ経営ははじめてで、暗闇のトンネルに飛び込むような怖さがありますが、ガイドなしで探検に出るのと、経験豊かなガイド付きのチャレンジ、どちらが成功可能性が高いかは明白です。

Column

アメリカと日本の経済力の差は、VCやエンジェルの存在の有無?

アメリカと日本の経済力にここ30～40年で大きな差がついた要因のひとつとして、**VCやエンジェルの存在の有無があった**と僕は考えています。

1958年、アメリカではスタートアップ振興政策の一環として「スモール・ビジネス・インベストメント・アクト（中小企業投資法）」が制定され、70年ごろには、シリコンバレーにベンチャーキャピタルが定着したと言われています。

そして1980年代に、Apple、インテル、フェデックスなどへの投資が大きく成功し、世界中から投資資金が集まり、シリコンバレーが活性化していきます。

このエコシステム下で、いい「ガイド」、つまりベンチャーキャピタリストが数多く生まれ、世界中から才能ある起業家がシリコンバレーに集まるようになり、エコシステムはいまなお生成、発展しています。**その過程で「GAFA」が生まれ育ってきた**とも言えるでしょう。

ただ、**日本のスタートアップエコシステムは、アメリカに大きく遅れをとっているものの、着実に成長しています。**

日本から再び、ソニーやホンダのようなエクセレントカンパニーを数多く創出していくためには、エコシステムの育成はとても重要なのです。

VC・エンジェルが入るデメリットは？

じつは、**VCやエンジェルから投資を受けることには、デメリットもあります。**

その**最大のものは、「必ずマネタイズして、短期でイグジットする必要性が生まれる」**という点が挙げられます。

ＶＣは、**ファンド期限がだいたい7年**と言われています。そのうえで、

「出資者から７年後にキャピタルゲインを求められるので、スタートアップを７年以内にＩＰＯさせなければいけない」

「スタートアップは投資をしてから結果が出るまでに、５年ほどかかる」

という条件があるので、最初の２～３年にスタートアップを見極めて投資をしなければ、間に合わないのです。

そのため、ＶＣやエンジェルが入っているスタートアップでは、**売上重視の経営**だったり、**イグジットありきの事業戦略**だったりする傾向があります。

会社の方向性と投資家の方向性とが一致していて、「みんなでイグジットに向けてがん

ばろう」と突き進むことができれば、これはデメリットにはならないのですが、そうではない場合においては、**資本の論理が勝ってイグジット重視になることに違和感を覚える場合もある、**ということです。

ここで誤解がないようにお伝えしたいこととして、**VCやエンジェルから資金を調達していなくても成長している優良スタートアップは、数多く存在**しています。

優秀な経営チームを組成する力があり、自己資金や融資で事業を成長できる会社であれば、外部資金を受ける必要はありません。

「VC・エンジェルの投資先から転職先を選ぶ」のが安心な理由

前置きが長くなりましたが、スタートアップ転職希望者が、優良なVCやエンジェルの投資先からスタートアップ選びをすると、次の点で安心です。

・スタートアップ投資のプロが、デューデリジェンス（DD、企業の価値やリスクを把

握するために行われる調査）をしたうえで投資をしているので、その投資先にはVCやエンジェルの「お墨付き」がある

・VCやエンジェルが関わっていることによって、会社の財務状況などに外部ガバナンスが効いてくるので、健全な経営が行われている可能性が高い

楽天もメルカリもサイバーエージェントも、VCやエンジェルの投資を受けて成長してきました。優良なVCやエンジェルの投資先の中には、将来性豊かな会社がある可能性が高いのです。

いいVC、いいエンジェルの見極め方は、これだ！

では、「いいVC、いいエンジェル」は、どのように見極めればよいのでしょうか。

キャピタリストの真価が試されるのは、投資したあとにスタートアップを成長させイグジットまで持っていく力ですので、投資した会社が多いかどうかはあまり関係ありません。

評価ポイントは、イグジット実績（トラックレコード）と、キャピタルゲイン（資産価値

の上昇）額です。

キャピタリスト個人のイグジット実績は、各ＶＣのサイトなどで確認することができますし、経済雑誌『Ｆｏｒｂｅｓ』のミダスリスト（The Midas List）で、毎年キャピタルゲインの金額をベースにランキングされていますので、参考にしてください。

たとえばグロービス・キャピタル・パートナーズの高宮慎一さんは、メルカリ、ランサーズの「リードインベスター」としてＩＰＯに貢献した人ですから、彼が投資しているネット系企業は将来有望とみなされます。

リードインベスターとは、無名スタートアップに投資の「一番槍」を入れた投資家で、最もリスクをとっており、かつ起業家とともに企業の成長をドライブさせてきた、最も尊敬されるべき存在です。

たとえば、Ｆａｃｅｂｏｏｋのリードインベスター、ピーター・ティール氏は、シリコンバレーでスター的存在です。

ほかにも、東京大学エッジキャピタルパートナーズ（ＵＴＥＣ）の郷治友孝さんは、東大発テックスタートアップでイメージングＡＩ事業を手掛ける「モルフォ」や、バイオリファイナリー（再生可能資源であるバイオマスを原料として、バイオ燃料や化学品を

生産する技術や産業）事業を展開している「Green Earth Institute」などのＩＰＯ実績があり、彼が投資しているディープテック企業は有望視されています。

また次世代を担う革新的ビジネスモデルのスタートアップに関心があれば、ビズリーチなどのＩＰＯ実績があるＺ Venture Capitalの堀新一郎さんの投資先を見てみるのもよいでしょう。

実績のあるＶＣ、エンジェルのリスト

実績のある主要ＶＣ、ＣＶＣ、エンジェルを、一部ではありますが紹介します。本リストの投資先から有望なスタートアップを探してみるのもいいですし、気になるスタートアップの株主が、ここに含まれているかを確認してみるのもいいでしょう。

【アーリーステージ領域の投資に強い】

・インキュベイトファンド
・環境エネルギー投資

・サイバーエージェント・キャピタル
・MIRAISE（ミレイズ）
・Angel Bridge
・Coral Capital
・KDDI
・MTG Ventures
・STRIVE

【DeepTech（AI、バイオなど）・Physical Science（物理科学）・大学発ベンチャー領域に強い】

・イノベーション・エンジン
・スパークス・アセット・マネジメント
・東京大学エッジキャピタルパートナーズ（UTEC）
・ファストトラックイニシアティブ
・リアルテックホールディングス
・Beyond Next Ventures

・DCIパートナーズ
・DEEPCORE
・JICベンチャー・グロース・インベストメンツ（VGI）

【グローバル案件に強い】

・DG Daiwa Ventures
・DNX Ventures
・Eight Roads Ventures Japan
・WiL

【SaaS・FinTech・メディア・コンシューマー領域に強い】

・ジェネシア・ベンチャーズ
・博報堂DYベンチャーズ
・ALL STAR SAAS FUND
・GMO VenturePartners
・UB Ventures

・W
・Z Venture Capital

【総合力：豊富な投資実績、イグジット実績を持つ】

・伊藤忠テクノロジーベンチャーズ
・グローバル・ブレイン
・グロービス・キャピタル・パートナーズ
・ジャフコ グループ
・ニッセイ・キャピタル
・日本ベンチャーキャピタル
・みずほキャピタル
・三菱UFJキャピタル
・DBJキャピタル
・Salesforce Ventures（米国SalesforceのCVC部門）
・SBIインベストメント
・SMBCベンチャーキャピタル

【エンジェル（敬称略）】

・有安伸宏（コーチ・ユナイテッド創業者）
・川田尚吾（DeNA共同創業者）
・木村新司（シリアルアントレプレナー。元グノシー代表取締役）
・佐藤裕介（フリークアウト、イグニス創業者）
・村口和孝（DeNAのリードインベスター）

【シリコンバレーの有名VCの投資先から選ぶ】

・アンドリーセン・ホロウィッツ：インスタグラム、スカイプに投資
・クライナーパーキンス：ツイッター、アマゾンに投資
・セコイア・キャピタル：Apple、Googleに投資
・Founders Fund：PayPal創業者、ピーター・ティールが立ち上げたVC。Facebook、Airbnbなどに投資

おわりに

いつでも動ける人が増える。その先に日本からGoogle・Facebook（Meta）を100社創出へ

あなたが**「いつでも、自由に働ける人」**になれたら、何をしたいですか？

そんな想いを巡らせるとき、きっとポジティブな気持ちになれると思います。

「世界幸福度ランキング２０２３」によれば、日本は47位で、先進諸国の中では最低ランクです。

日本人の幸福度の低さには、「いまいる会社を辞められない」ということが大きく影響しているように思います。

・辞めたいけれど、報酬不安などから、辞められずにいやいや仕事をしている
・会社側も社員を辞めさせられないので、キャリアを無視した配置転換を行わざるを得ない
・会社都合でキャリアが分断するため、長年勤めていても、社外で通用するスキルが積めない
・成果創出より、社内の人脈構築に関心が向かいがち
・その結果、人生の自由度が低い

そんな負のスパイラルを断ち切る有効手段のひとつは、**個々人が「成果を出せるスキル」を確立し、いつでも動ける（転職できる）人を増やす**ことだと思っています。

いつでも動ける人は、魅力的でない会社、倫理観のない会社に、さっさと見切りをつけます。

その結果、

・ブラック企業や生産性の低い会社が淘汰される
・会社側は優秀な人に選ばれるよう、労務環境の改善や、やりがいの提供に努力する

・古い産業から、新しい産業への人材移動が起こり、産業の新陳代謝が活発になる
・挑戦する人が増える（≒スタートアップが増える）
・生涯現役のビジネスパーソンが増え、シニアが活性化する
・子育てや介護といった事情でキャリアアップを諦めざるを得なかった人材の、活躍機会が増える
・人生の自由度が上がり、日本社会がポジティブになる

そんな未来が描けるのではないでしょうか。

人生が好転していく人が増えてほしい

「そんな簡単にはいかない」という声もあると思いますが、実際に僕は、アマテラスを通じてスタートアップと縁を持ち、志ある起業家と働くことで「人生が好転した」という声を、多数の転職者たちからいただいています。

裁量のある仕事に就けて、いままでよりも生き生きと働けるようになった人。

ときには、ストックオプションで億万長者になった人。

先日、ある女性から涙ながらに感謝されたときには、僕もぐっとくるものがありました。着実にキャリアを積み上げてきていたはずなのに、出産によりキャリアが断絶してしまっていた。アマテラスで柔軟な発想を持つ起業家と出逢い、再びバリバリといきいきと働くことができるようになり、**「毎日すごく充実した日々が送れています、本当に幸せです」**と言ってもらえたのです。

「いつでも動ける人」になるために、「スタートアップで働く」ことが解決法の一端であることを、アマテラスは提示しつづけていきたいと思っています。

人生の戦略に、よい起業家との出逢いを。

その出逢いの先に、人生が好転していく人が増えていけば、僕にとってこれほど嬉しいことはありません。

さらにその先に、日本からＧｏｏｇｌｅやＦａｃｅｂｏｏｋのようなエクセレントカンパニーが100社生まれることを夢見て。

2023年4月

藤岡清高

【著者紹介】

藤岡清高（ふじおか　きよたか）

株式会社アマテラス代表取締役CEO。1974年、東京都日野市生まれ。

「スタートアップ転職・副業のプロ」として、これまでに2000人以上からスタートアップ転職や副業の相談を受ける。アマテラスを通じて、毎年200人以上がスタートアップ企業のコアメンバーやCxO候補として参画している。

東京都立大学経済学部卒業後、新卒で住友銀行（現三井住友銀行）に入行。法人営業などに従事した後に退職し、慶應義塾大学大学院経営管理研究科を修了、MBAを取得。

2004年、株式会社ドリームインキュベータに参画し、スタートアップへの投資（ベンチャーキャピタル）、戦略構築、事業立ち上げ、実行支援、経営管理などに携わる。

1200社以上のスタートアップ経営者に提言をする中で、起業家のほぼ全員が資金調達後に「人材採用」という課題に直面し苦労していることを知り、それを解決すべく、2011年に株式会社アマテラスを創業。志ある起業家とスタートアップ参画希望者との出会いを創出することで、スタートアップ企業の成長を支援。アマテラスとの契約後に上場したスタートアップ企業は140社以上、M&AなどでEXITした企業は50社以上にのぼる。

スタートアップ採用やキャリアに関する講演やセミナーも、精力的に開催中。

趣味はサッカー、ワイン、カメラ。大学時代には体育会サッカー部で活躍。2022年、一般社団法人日本ソムリエ協会ワインエキスパートを取得。また現在は、本業の傍らプロカメラマンを目指し、写真家の土屋勝義氏に師事し修行中。アマテラスのオウンドメディアのCEOポートレート写真を、自ら撮影している。二児の父。

「一度きりの人生、今の会社で一生働いて終わるのかな?」と迷う人のスタートアップ「転職×副業」術

2023年5月11日発行

著　者――藤岡清高
発行者――田北浩章
発行所――東洋経済新報社
〒103-8345　東京都中央区日本橋本石町 1-2-1
電話＝東洋経済コールセンター　03(6386)1040
https://toyokeizai.net/

装　丁…………金井久幸〔TwoThree〕
イラスト…………上田惣子
D T P…………アイランドコレクション
編集協力………山口一臣〔テックベンチャー総研〕／五十嵐京治〔POWER NEWS〕／小泉明奈
編集アシスト……新井円
印　刷…………ベクトル印刷
製　本…………ナショナル製本
校　正…………加藤義廣／佐藤真由美
編集担当………中里有吾

Printed in Japan　ISBN 978-4-492-26117-0